Vision und Realität

Die Darstellung des Kirchenraums
in der niederländischen Malerei
des 15. Jahrhunderts

von

Su-Hun Ku

Tectum Verlag
Marburg 2005

Ku, Su-Hun:
Vision und Realität.
Die Darstellung des Kirchenraums in der niederländischen
Malerei des 15. Jahrhunderts.
/ von Su-Hun Ku
- Marburg : Tectum Verlag, 2005
ISBN 978-3-8288-8818-0

© Tectum Verlag

Tectum Verlag
Marburg 2005

Inhaltsverzeichnis

I. Einleitung   9

II. Institutionelle Rahmenbedingungen und Tendenzen der niederländischen Malerei im 15. Jahrhundert   15

1. Aufschwung der Städte und der Hof Philipp des Guten   15

2. Herbst der Internationalen Gotik   17

III. Die Kirche im Bild als Bedeutungsträger   22

IV. Bilderbeschreibung und Interpretation   28

1. Œuvre Jan van Eycks   28

1.1. Totenmesse im Turin-Mailänder Stundenbuch (um 1420) (Abb. 11)   29

1.2. Madonna in der Kirche (um 1425) (Abb. 12)   34

1.3. Verkündigung in Washington (um 1434) (Abb. 8)   40

1.4. Dresdener Altar (1437) (Abb. 6)   45

2. Œuvre Rogier van der Weydens   51

2.1. Altar der Sieben Sakramente (um 1440-1444) (Abb. 21)   55

2.2. Columba-Altar (um 1450-1455) (Abb. 9 und Abb. 10)   60

3. Œuvre Hans Memlings   65

3.1. Darbringung (um 1463) (Abb. 25)   67

3.2. Dreikönigsaltar im Prado (um 1470) (Abb. 28 und Abb. 29)   72

3.3. Jan Floreins-Altar (1479) (Abb. 31 und Abb. 32)   77

V. Ergebnisse der Untersuchung   81

1. Perspektive und Komposition   81

1.1. Perspektivische Räume ohne mathematische Grundlage   81

1.2. Komposition: Vom vollständigern Raum zum „willkürlichen Raumausschnitt" in Memlings Werk   85

1.2.1. Gemäldetypen stehen im Zusammenhang mit der Komposition und dem Einblickswinkel   85

1.2.2. Zum Größenverhältnis zwischen Architektur und Figuren   86

1.2.3. Verbessertes Größenverhältnis durch „Raumausschnitt"   88

1.2.4. Wirkt der Architekturstil auch auf das Größenverhältnis ein?   88

2. Architekturstil: Romanik oder Gotik   89

2.1. Die sogenannte „Romanische Renaissance" und die Funktion der Rundbogenform   90

2.2. Die ikonographische Funktion des Architekturstils   93

2.3. Zusammenfassung   96

3. Vision und Realität   98

VI. Fazit   101

Verzeichnis der Abbildungen / Bildregister   107

Literaturverzeichnis   111

„Der Geist dieser Kunst ist der des Glaubens selbst, wie wir ihn bereits geschildert haben: das Streben nach vollkommener bildhafter Ausgestaltung und Durchbildung alles dessen, was dem Glauben zugehört."

Johan Huizinga[1]

I. Einleitung

Um 1425 wurden in Europa zwei völlig unterschiedliche Kunstwerke geschaffen: Im Süden malte Masaccio das Fresko „Die Trinität" für die Kirche Santa Maria Novella in Florenz (Abb. 1). Ungefähr zur gleichen Zeit erschuf Robert Campin, identifiziert als der Meister von Flémalle, das Triptychon „Mérode-Altar" im Norden (Abb. 2). Die beiden Werke stellten Rekorde in der Kunstgeschichte auf: Masaccios Fresko wird als eines der ersten Gemälde bezeichnet, das nach Brunelleschis mathematischen Regeln der Perspektive konstruiert ist.[2] Diese Entdeckung der Perspektive für die Darstellung der Illusion im Bild verbreitete sich in die ganze Welt und beeinflusste die Kunst Jahrhunderte lang. Im Norden, obwohl ohne Kenntnis der Perspektive, erschuf Robert Campin eine vollkommene realistische Darstellung im „Mérode-Altar". Diese neuartige niederländische Malerei bewirkte ein großes Echo bei den Zeitgenossen im

---

[1] J. Huizinga (1975), S. 387.
[2] Masaccios „Trinità" wurde stark beeinflusst von Brunelleschis Theorie und Donatellos Werke. Vgl. E. H. Gombrich (2000), S. 229ff.

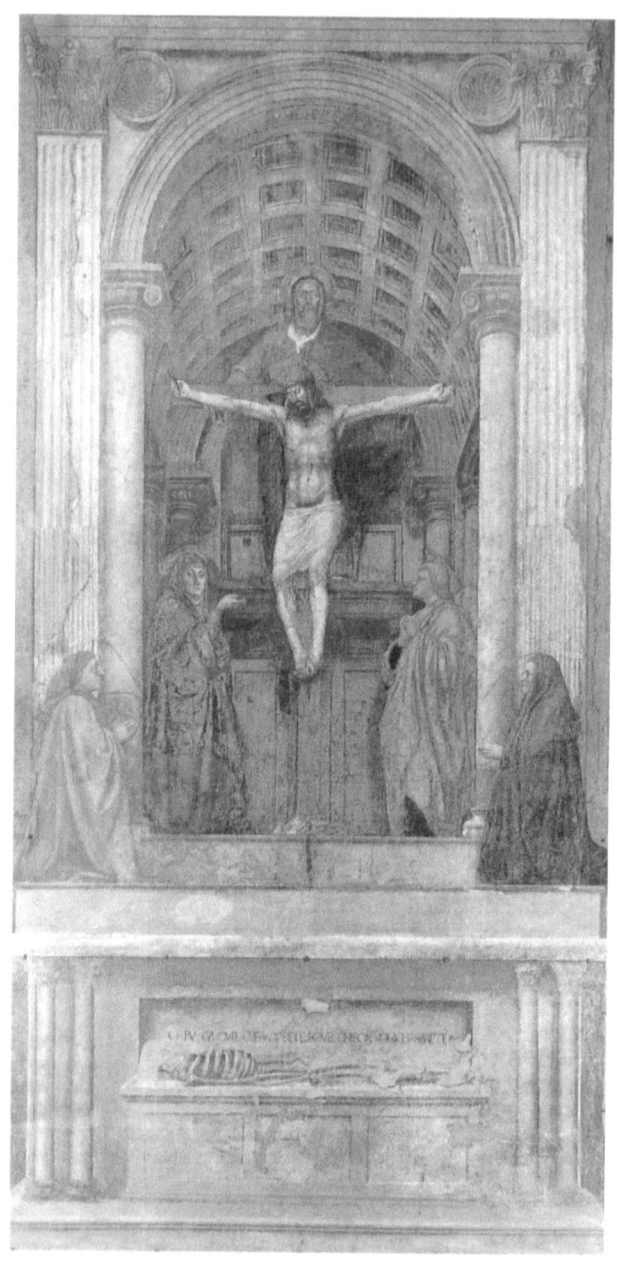

Abb. 1
Masaccio:
Die Trinität, um 1425, Fresko, 667 x 317 cm.

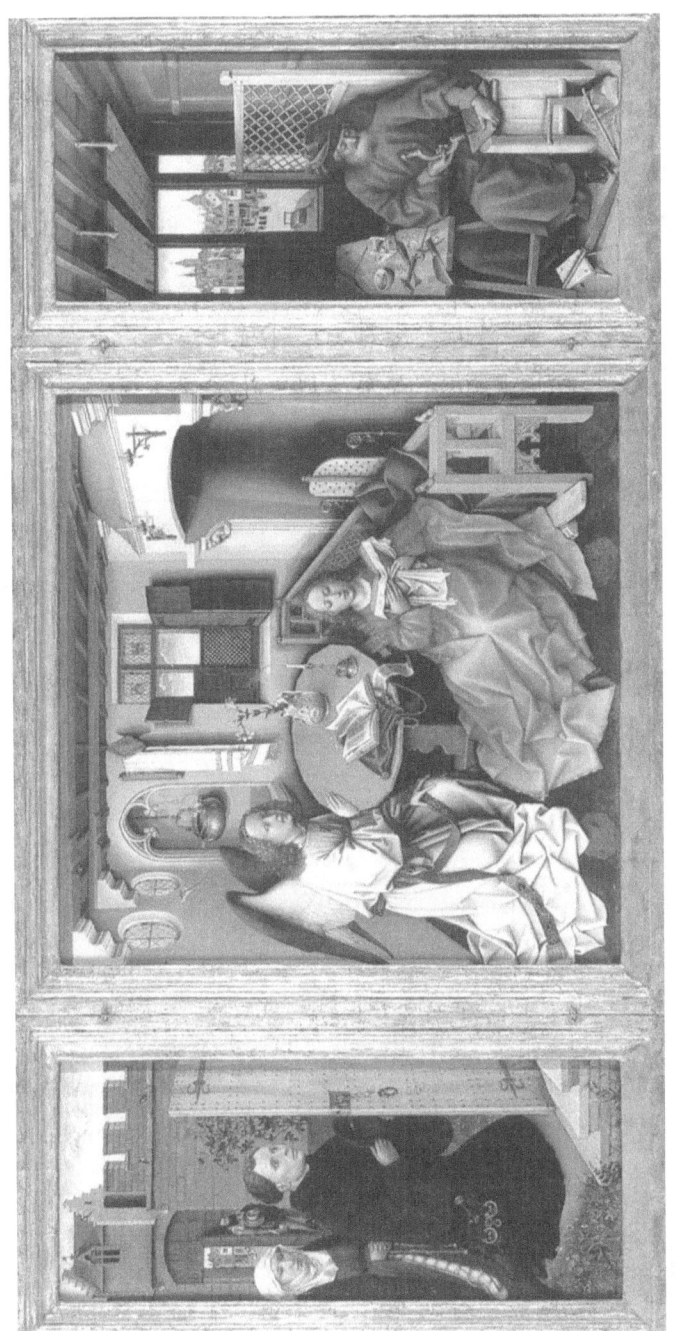

Abb. 2
Robert Campin:
Mérode-Altar, um 1425, Öl auf Holz, Mitteltafel 64,1 x 63,2 cm, Flügel 64,1 x 27,3 cm.

15. Jahrhundert. Bis hin zu den Werken Jan van Eycks entstand die „endgültige Eroberung der Wirklichkeit".[3]

Durch die „unvorstellbar minutiöse Technik"[4] hatten die altniederländischen Meister die sichtbare Welt ohne Hilfe der wissenschaftlichen Perspektive aus dem Süden realistisch rekonstruiert. Aber wie stellten sie die Welt dar, wenn der Gegenstand des Gemäldes ein dreidimensional anspruchsvoller Raum war? Was verbarg sich hinter jener detaillierten gemalten Realität eines Raumes?

Die vorliegende Arbeit beschäftigt sich mit der Innenraumdarstellung auf niederländischen Tafelbildern des 15. Jahrhunderts, und zwar mit dem Innenraum der Sakralarchitektur, die eine wichtige Rolle in der Kunst des 15. Jahrhunderts spielte. Das Ziel der Untersuchung ist es, die Entwicklungsgeschichte der Darstellung des Kirchenraums in der niederländischen Malerei des 15. Jahrhunderts beschreibend aufzuzeigen.

Obwohl das Thema der „Frühen Niederländer" zu den klassischen Gebieten der europäischen Kunstgeschichte gehört,[5] gibt es noch keine Monographie, die sich systematisch auf die Kirchenraumdarstellung in der altniederländischen Malerei konzentriert. Die Untersuchungen zur Kirchenraumsdarstellung liefern eine ganze Reihe Bücher und Aufsätze. Die wichtigste Literatur zur altniederländischen Malerei, die allgemeine Zusammenhänge dieser Magisterarbeit anbietet, sind das einführende Werk von Max Friedländer und Erwin Panofskys ikonographische

---

[3] Bezeichnung von E. H. Gombrich, siehe Gombrich (2000), S. 235.
[4] Nach Erwin Panofsky: „Jan van Eyck evolved a technique so ineffably minute that the number of details comprised by the total form approaches infinity." Siehe E. Panofsky (1953), S. 181.
[5] Siehe Belting/Kruse (1994), S. 7.

Interpretationen in „Early Netherlandish Painting", sowie die jüngste Arbeit von Hans Belting und Christiane Kruse, die die Entwicklung altniederländischer Malerei durch eine neue Methode, nämlich die mediengeschichtliche Untersuchung, erörtert. Zu den Themenbereichen Architektur und Perspektive in der altniederländischen Malerei werden die folgenden Arbeiten angeführt: Joseph Guido Kerns Dissertation analysiert hauptsächlich die Perspektive in den Bildern der Brüder van Eyck, während Karl Doehlemann die Entwicklung der Perspektive in der altniederländischen Malerei durch die Untersuchung der Werke von Hubert van Eyck bis Bernaert van Orley zeigt. Hans Jantzens Buch beschäftigt sich überwiegend mit dem niederländischen Architekturbild des 17. Jahrhunderts, das erste Kapitel „Vorgeschichte" widmet sich jedoch den Werken der alten Meister des 15. Jahrhunderts. Werner Körtes Arbeit erläutert die sogenannte „Romanische Renaissance", das ist die Tendenz, ab der Mitte des 15. Jahrhunderts in der nördlichen Malerei, romanische Bauformen wiederaufzunehmen. Für dieses Phänomen bevorzugte Körte die Formenwerte zu erklären, dahingegen hat Erwin Panofsky eine inhaltliche Erklärung für die Wiederaufnahme des romanischen Stils gegeben. Eine weitere Arbeit ist der Aufsatz von Sauerländer über das Nachleben des gotischen Kirchenraums in der Malerei. Die Auseinandersetzung mit der genannten Literatur wird in der vorliegenden Arbeit stattfinden.

Die Analyse der vorliegenden Arbeit basiert auf den Werken von drei altniederländischen Meistern, die zu drei verschiedenen Generationen gehören: Jan van Eyck, Rogier van der Weyden und Hans Memling. Ihr Œuvre umfass einem großen Teil der Gemälde des 15. Jahrhunderts, in denen ein Kirchenraum gezeigt wird. Um den Ursprung der Entwicklung altniederländischer Malerei zu beleuchten, wird in dem ersten Abschnitt dieser Arbeit der historische Hintergrund der Zeit betrachtet. Im weiteren Verlauf soll die symbolische Bedeutung der Kirchendarstellung dieser Zeit diskutiert werden. Das nächste Kapitel widmet sich der Bildbeschreibung und Interpretation der einzelnen Gemälde. Insgesamt werden neun Objekte in diesem Kapitel chronologisch aufgeführt und untersucht. Anschließend, werde ich das Ergebnis meiner Untersuchung unter drei Aspekten vorstellen.

In den Niederlanden war das 15. Jahrhundert die Zeit des Wohlstands, in der die institutionellen Rahmenbedingungen für eine neue Kunst gebildet wurden. Dieser geschichtliche Kontext und die neuen Tendenzen der Malerei sollen im Folgenden vorgestellt werden.

II. Institutionelle Rahmenbedingungen und Tendenzen der niederländischen Malerei im 15. Jahrhundert

1. Aufschwung der Städte und der Hof Philipp des Guten

„Mir scheint, dass damals seine Länder mit mehr Recht Länder der Verheißung genannt werden konnten als alle anderen auf der Erde. Sie waren angehäuft mit Reichtümern und befanden sich in tiefem Frieden; [...] Aufwand und Kleidung waren sowohl bei den Männern als auch bei den Frauen prächtig und im Überfluss, Gelage und Bankette größer und verschwenderischer als an jedem anderen Ort."[6], so beschrieb der französisch-burgundische Historiker und Diplomat Philippe de Commynes (um 1447 bis 1511) im Sommer 1465 die alten Niederlande in seinen „Mémoires".

Ab dem 14. Jahrhundert stiegen Regionen der alten Niederlande wie Flandern und Brabant aufgrund der boomenden Tuchindustrie und des Fernhandels zu mächtigen wirtschaftlichen Kräften auf. Bis in das 15. Jahrhundert hinein erlebten die Städte, die eine starke internationale Marktposition besaßen, wie Brügge, Brüssel und Gent, eine beispiellose wirtschaftliche Blüte und wurden zu den reichsten Gegenden des Abendlandes. Als internationale Handelsmetropole zählte Brügge damals zu den größten Städten im Norden, im 15. Jahrhundert war die Bevölkerungszahl schon bei 40.000 Einwohner. Kleinere Städte wie Brüssel und Löwen besaßen ca. 20.000 Einwohner, die Bevölkerungszahl

---

[6] Siehe Philippe de Commynes' Memoiren, Stuttgart 1972, S. 8.

in Antwerpen lag zunächst bei 20.000 und wuchs später auf 40.000 Einwohner an.[7]

Mit der aufsteigenden Entwicklung der Städte bildete sich ein wirtschaftsmächtiges Bürgertum heraus, das die Situation des Mäzenatentums veränderte. Die potentiellen Auftraggeber stammten nicht traditionell nur aus der lokalen adligen Schicht, bzw. aus dem burgundischen Herzogtum und dem französischen Königtum, sondern kamen nun auch aus der Schicht der Kaufleute oder Institutionen wie geistlichen Bruderschaften oder Gilden. Zum Beispiel ist in Jan van Eycks berühmtem Gemälde „Arnolfini-Hochzeit" der Dargestellte Auftraggeber Giovanni Arnolfini ein Tuchhändler aus Lucca. Manche reiche Städte leisteten sich speziell Stadtmaler, zum Beispiel erhielt 1436 Rogier van der Weyden das Amt des Stadtmalers in Brüssel.

Neben dem neuen bürgerlichen Mäzenatentum der Städte, spielte der Hof Philipp des Guten (1396–1467) beständig eine große Rolle für die Entwicklung der altniederländischen Kunst. Nach dem Tod Johann Ohnefurcht (1371–1419) war Philipp der Gute 1419 zum burgundischen Herzog ernannt worden. Er war bestrebt, sein Herrschaftsgebiet zu vergrößern. Durch seinen Reichtum und seinen eigenen Geschmack, galt sein Hof als der glänzendste seiner Zeit. Jan van Eyck wurde sein Hofmaler. Die Adligen und die Ämter im Europa ahmten seine Kunstförderung nach. Unter seiner Herrschaft, war Burgund zum „Europas mächtigsten und kulturell führenden Staat des 15. Jahrhundert" geworden.[8]

---

[7] Zur gedeihenden Geschichte der alten Niederlande vgl. F. Braudel (1982), S. 98–157; und Wim Blockmans' Aufsatz „Institutionelle Rahmenbedingungen der Kunstproduktion in den burgundischen Niederlanden", in: B. Franke/B. Welzel (1997), S. 11–27.

[8] Siehe S. Kemperdick (1999), S. 10.

Allmählich entstand eine neuartige niederländische Malerei in diesem Umfeld.

2. Herbst der Internationalen Gotik

Das Phänomen der Internationalen Gotik wurde erstmals von dem französischen Historiker Louis Courajod am Ende des 19. Jahrhunderts in der Vorlesung für die „École du Louvre"[9] vorgestellt. Er wies darauf hin, dass die Kunst in Europa um 1400 von einer weichen, lyrischen und prunkvollen Formensprache dominiert wurde. Sie entstand im Laufe des 14. Jahrhunderts und war anfangs ein höfischer Stil. Die typischen Werke dieser Zeit sind die vom Herzog von Berry beauftragten Buchmalereien, z. B. die von den Brüdern Limburg angefertigten Stundenbücher „Belles Heures" und „Très Riches Heures".[10]

Im Lauf des 15. Jahrhunderts prägte sich die Tendenz in der niederländischen Kunst zu einer realistischen Formensprache aus. Sie ist zunächst in der Plastik deutlich erkennbar. Der von Claus Sluter (1350–1406) geschaffene Mosesbrunnen für die Chartreuse de Champmol in Dijon. (Abb. 3) zeigt einen realistischen, lebhaften Stil, der die Prophetengruppe so lebendig darstellt, dass Johan Huizinga in „Herbst des Mittelalters" schreibt: „Die ganze Darstellung bietet im höchsten Maße

---

[9] Die Vorlesungen wurde im Jahr 1901 unter dem Titel „Orgines de la Renaissance, Leçons professées à l'École du Louvre <1887–1896> par Louis Courajod" veröffentlicht.
[10] Zur „Internationalen Gotik" bzw. „Internationaler Stil" um 1400 siehe E. Panofsky (1953), S. 51–74.

Züge des geistlichen Spieles" im Zuge des „außergewöhnlich stark Sprechenden der Darstellung".[11]

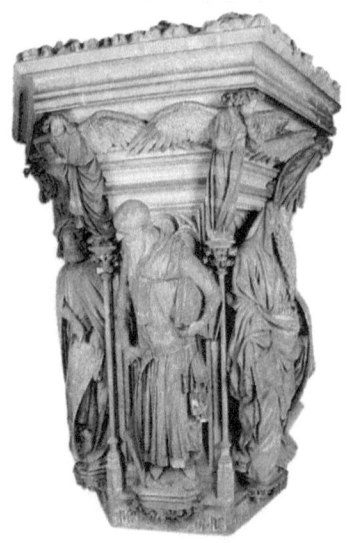

Abb. 3
Claus Sluter:
Mosesbrunnen für die
Chartreuse de Champmol,
1396–1404, Kalkstein,
Höhe (ohne Sockel) 360 cm.

In der Tafelmalerei taucht der realistische Zug erst im Œuvre des Melchior Broederlam (ca. 1381–1409) auf. In den beiden heute in Dijon, Musée des Beaux-Arts, befindlichen Altarflügeln (Abb. 4) ist zum einen der typische „weiche Stil" der Figurengestalt, zum anderen aber die realistische, detaillierte Darstellungsweise der Physiognomie und der Kleidung Josephs

---

[11] Siehe J. Huizinga (1975), S. 375.

zu sehen (Abb. 5), die sich von der typischen Tafelmalerei der Internationalen Gotik klar abhebt.

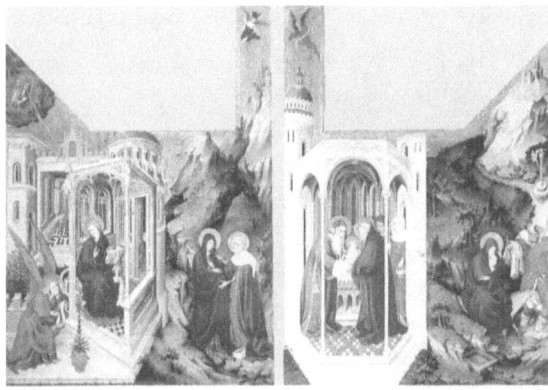

Abb. 4
Melchior Broederlam:
Zwei Flügel eines
Altars der Chartreuse
de Champmol,
1393–1399,
Tempera auf Holz,
je Flügel 167x 125 cm.

Bis zu den Werken Robert Campins und der Brüder van Eyck steht die detailrealistische Formensprache ganz im Mittelpunkt und brachte die altniederländische Malerei zu einem Höhepunkt des Realismus. Robert Campins „Mérode-Altar" (Abb. 2) ist ein Meilenstein für die nordische Malerei. Die wirklichkeitsnahe Auffassungs- und Darstellungsweise zeigt den Abschied von dem überfeinerten Stil der Internationalen Gotik. Die körperhafte und materialgetreue Wiedergabe zeigen die Erneuerung der Ausdrucksfähigkeit. Bei Jan van Eyck war der Stil noch weiter ausgebaut. Die Farbe, das Licht, die Räumlichkeit in seinen Werken galten als ideales Vorbild für zeitgenössische Künstler und beeinflussten die Malerei des 15. Jahrhunderts radikal.

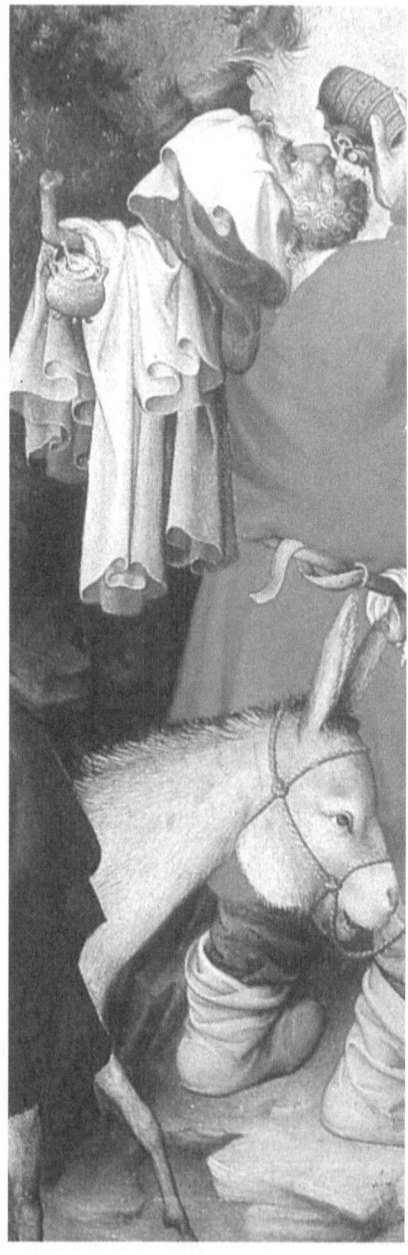

Abb. 5
Melchior Broederlam: Josef (Detail der Flucht nach Ägypten, Ausschnitt des rechten Flügels eines Altars der Chartreuse de Champmol), 1393–1399, Tempera auf Holz, Höhe etwa 60 cm.

Den Grund für die Entstehung dieser Entwicklung einer detailrealistischen Darstellungsweise hat Albert Châtelet folgendermaßen benannt: „Die Originalität dieses Realismus liegt – zumindest in seinen Anfängen und bei den größten Künstlern – in seiner Symbolik. Die Betrachtung der Kunstwerke kann auf verschiedenen Ebenen erfolgen. Ein Kupferkessel ist zunächst ein Hausgerät, das in jedem Zimmer vorkommen kann. In einer Verkündigung ist es ein *vas* (Gefäß), das heißt eine der Umschreibungen für Maria, die den Leib des Christuskindes getragen hat, so etwa in der lauretanischen Litanei."[12]

Durch diese Tendenz erreichte die niederländische Malerei des 15. Jahrhunderts eine neue Dimension, die eine Kombination vom Interesse an der Wirklichkeit und dem Festhalten an der Frömmigkeit ist. Dadurch entsteht eine Synthese aus Realismus und Sinnbild, beide Elemente verschmelzen in der Darstellung der Gemälde.

Von diesem ikonographischen Blickwinkel aus gesehen, ist eine Kirche in der altniederländischen Malerei nicht nur als ein Gebäude, als naturgetreue Nachahmung des Malers, zu behandeln. Sie erhält vielmehr Bedeutungen und Funktionen im Bild.

---

[12] Siehe Châtelet, Albert/Recht, Roland (1989), S. 234.

III. Die Kirche im Bild als Bedeutungsträger

Die Kirchendarstellung in der niederländischen Malerei des 15. Jahrhunderts entsprach dem Trend zur detailrealistischen Darstellungsweise. Anders als in den meisten Kirchendarstellungen zuvor, in denen die Kirche durch Arkaden, Portale und Türme nur schematisch gezeigt wird, zeigten die Künstler des 15. Jahrhunderts die Kirche mehr oder weniger als „Porträt".

Ganze oder große Teile der Kirche wurden bis ins letzte Detail abgebildet. Dieses realistische „Abbild" diente nicht nur als Schauplatz der biblischen Figuren und Szenen, als bloße Kulisse für eine entsprechende Handlung, sondern konnte auch sinnbildliche Bedeutung besitzen. Claus Peter Egner beobachtet die Merkmale der Sakralarchitekturdarstellung altniederländischer Malerei und äußert dazu: „Sie erschien den Malern der Zeit als der geeignete und würdige Rahmen, um ihre Szenen religiösen Inhalts nach außen abzuschirmen."[13]

Tatsächlich konstruierten die altniederländischen Meister den Bildraum oft als sakralen Schrein, in dem der dargestellte Kirchenbau als „Himmlisches Jerusalem" interpretiert wurde. Als typische Beispiele galten Gemälde von Jan van Eyck, zu denen Lotte Brand Philip sogar behauptet: „[...] in allen späteren Werken van Eycks, soweit es sich um kirchliche Bilder handelt, bedeutet die Bildszenerie und alles, was sie enthält, immer das Himmlische Jerusalem."[14] So gesehen, spielt die Kirche im Bild aber auch, wie z. B. in van Eycks Dresdener Altar (Abb. 6), auf den Palast der Maria oder auf das Paradies an. Beispiel für Letzteres ist der linke Flügel von Hans Memlings

---

[13] Siehe C. P. Egner (1979), S. 10.
[14] Siehe L. Brand Philip (1967), S. 93.

„Weltgerichtsaltar" in Danzig (Abb. 7), in dem ein detailliert dargestelltes gotisches Portal zu sehen ist, das die Pforte zum Paradies darstellt.

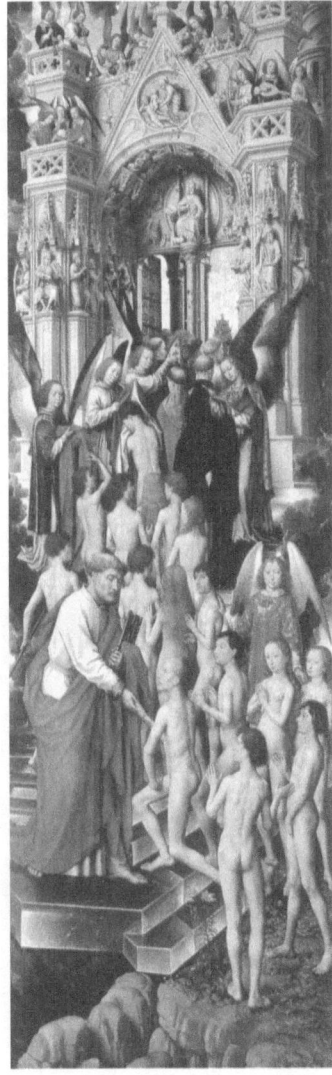

Abb. 7
Hans Memling:
Weltgerichtsaltar,
linker Flügel,
1467–1471,
Öl auf Holz,
223 x 72 cm.

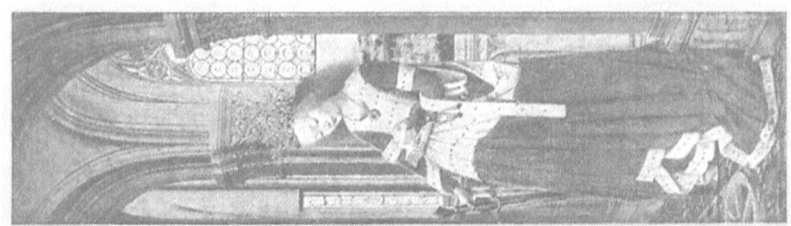
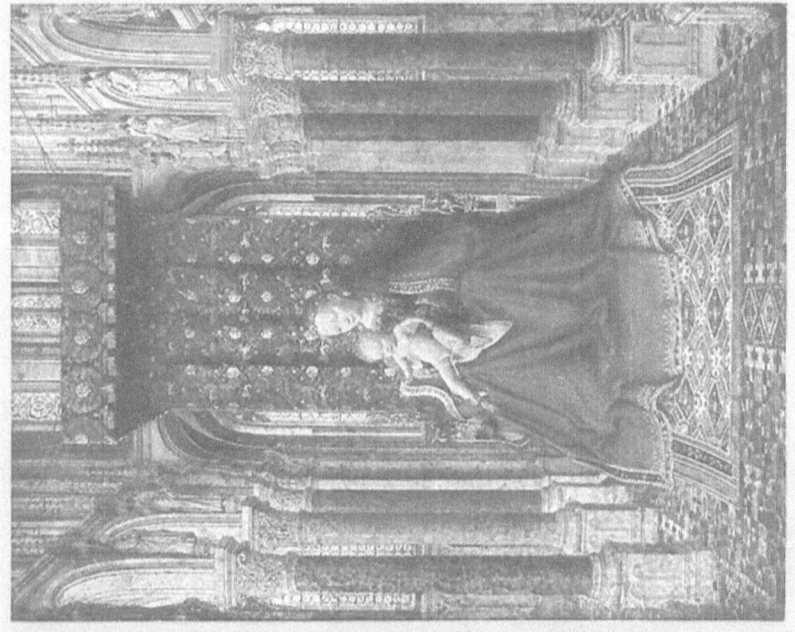
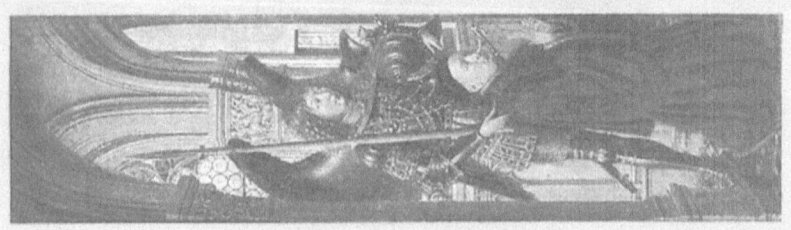

Abb. 6
Jan van Eyck:
Dresdener Altar,
1437, Öl auf Holz,
Mitteltafel 33,1 x 27,5 cm, je Flügel 33,1 x 13,6 cm.

Da die Kirche das Symbol der „Ecclesia" ist, wird ihr in der Tafelmalerei des 15. Jahrhunderts auch eine heilsgeschichtliche Symbolik zugeschrieben. Durch die Gegenüberstellung von Kirchenruinen und unbeschädigten Kirchenbauten wird auf die Heilsgeschichte vom Judentum bis zum Christentum angespielt. Die Konfrontation von romanischem und gotischem Architekturstil symbolisiert den Unterschied von Altem und Neuem Testament. Beispiele hierfür sind Jan van Eycks „Verkündigung in Washington" (Abb. 8) und Rogier van der Weydens „Columba-Altar" (Abb. 9 und 10). Beide Werke sollen im nächsten Kapitel ausführlicher besprochen werden.

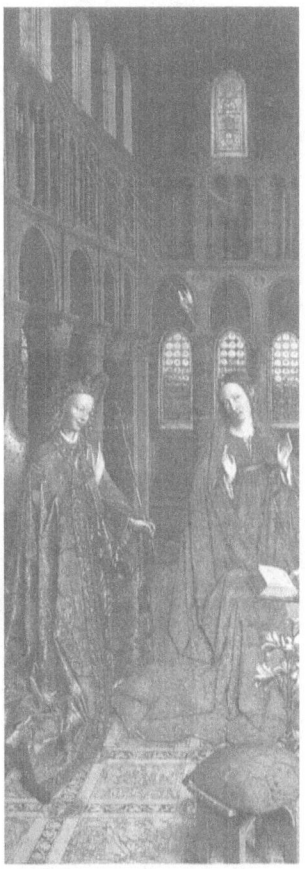

Abb. 8
Jan van Eyck:
Verkündigung,
um 1434,
Öl auf Leinwand
(von Holz übertragen),
92,7 x 36,7 cm.

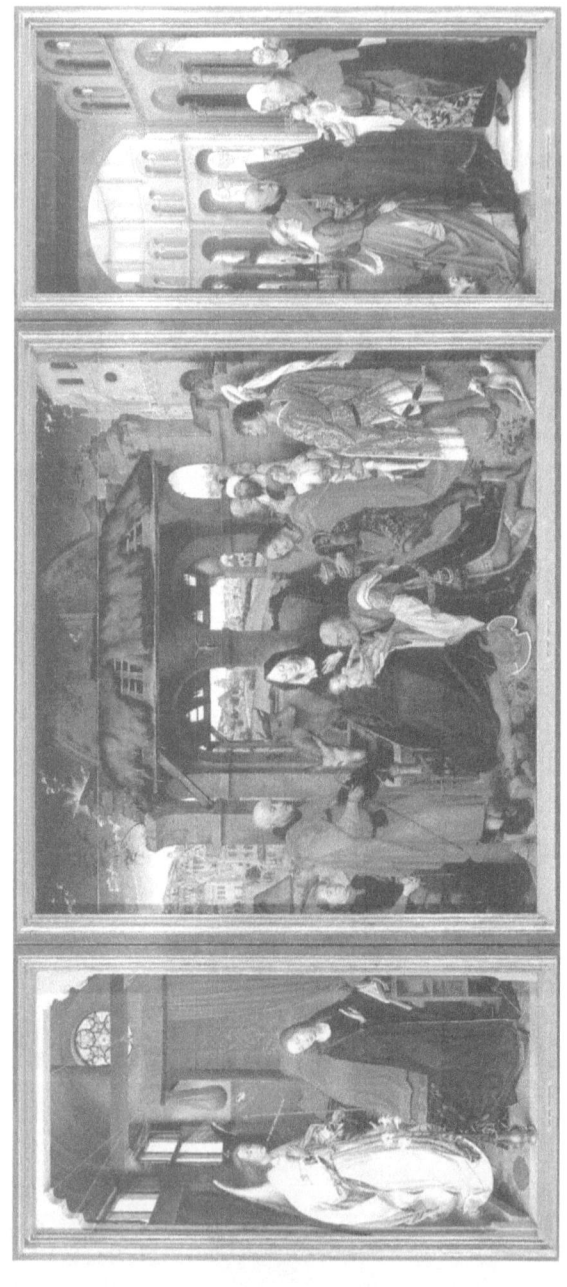

Abb. 9
Rogier van der Weyden:
Columba-Altar, um 1450–1455, Öl auf Holz, Mitteltafel 138 x 153 cm, je Flügel 138 x 70 cm.

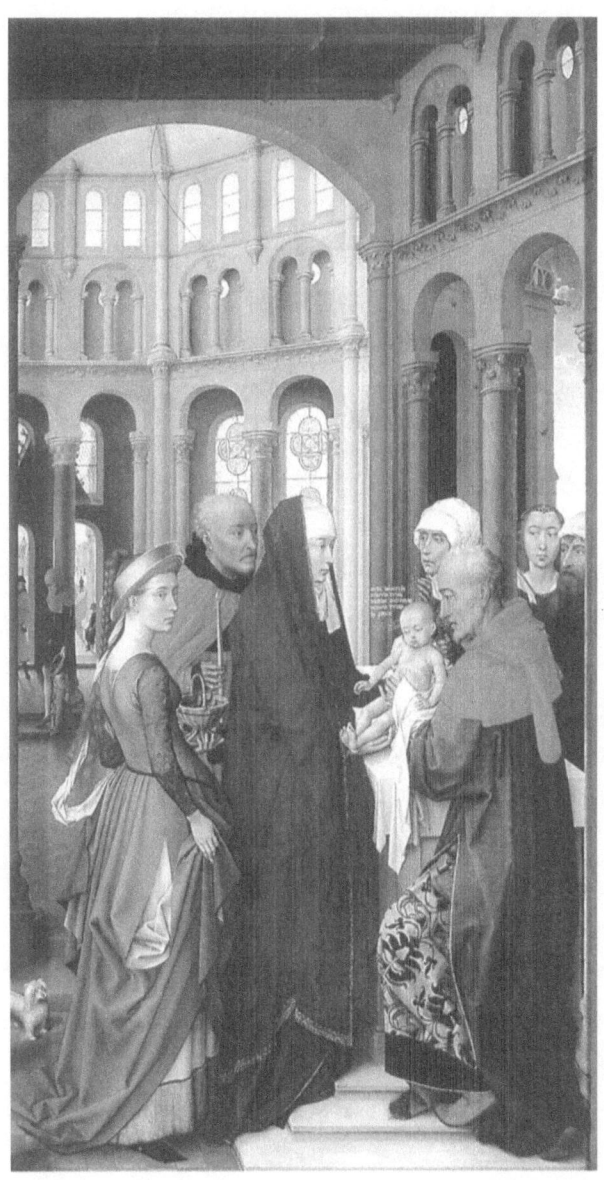

Abb. 10
Rogier van der Weyden:
Columba–Altar, rechter Flügel, um 1450–1455, Öl auf Holz,
138 x 70 cm.

IV. Bilderbeschreibung und Interpretation

1. Œuvre Jan van Eycks

„Irgendwo muss angefangen werden." So lautet der erste Satz von Max J. Friedländers klassisch gewordenen vierzehnbändigem Standardwerk „Die Altniederländische Malerei". Für ihn bedeuten die Brüder van Eyck den Anfang: „Die Geschichte der niederländischen Tafelmalerei hebt an mit den Brüdern van Eyck".[15]

Die Brüder Hubert (nach 1366–1426) und Jan (um 1390–1441) van Eyck, deren Namen in der 1432 datierten Inschrift auf dem Genter Altar zu lesen sind, erlangten schon zu ihren Lebzeiten Ruhm als Maler. Abgesehen von der Inschrift, hatte Hubert van Eyck den Altar begonnen und Jan van Eyck hatte ihn vollendet. Mit ihrem Werk besonders dem Jan van Eycks, der eine Reihe seiner Gemälde signiert hatte, begann ein neuer Stil der Malerei, eine Art minuziöse und realistische bzw. naturalistische Malerei, die mit dem um 1400 noch dominierenden Internationalen Stil brach.[16]

Den Ursprung der Eyckschen Kunst schreiben viele Kunsthistoriker der Buchmalerei zu.[17] Diese These basiert auf Friedländers Untersuchungen. In einem Brief von Pietro Summonte an M. A. Michiel aus dem Jahre 1524 findet sich ein Satz, der als „Jan begann mit Buchmalerei" interpretiert

---

[15] M. Friedländer, Die Altniederländische Malerei, Bd. I. (1924), S. 13.
[16] Vgl. R. Genaille, Die Flämische Malerei (1961), S. 14; siehe auch Jan van Eyck und seine Zeit, Kat. Ausst. Groningenmuseum Brügge 2002, S. 9ff.
[17] Siehe K. Voll (1923), S. 13; M. Friedländer (1924) Bd. I., S. 68; E. G. Troche (1935), S. 5; W. Schöne (1939) S. 10; T. Musper (1948), S. 90., u. a.

werden könnte.[18] Ein möglicher Beweis für diese Behauptung ist das im Jahr 1902 von Paul Durrieu in der Turiner Nationalbibliothek entdeckte Turin-Mailänder Stundenbuch. Das um 1420 datierte Werk wurde vermutlich von den Brüdern van Eyck und ihren Werkstätten hergestellt.[19] So erteilt Wolfgang Schöne sein Lob für dieses Werk der Buchmalerei der van Eycks: „[...] die schönsten Miniaturen des Turin-Mailänder Gebetbuches, in denen, wie in einem tiefen Traumbild, alles, was die niederländische Malerei der kommenden Jahrhunderte zu sagen haben sollte, vorhergesagt scheint."[20]

1.1. Totenmesse im Turin-Mailänder Stundenbuch (um 1420)[21] (Abb. 11)

Die Jan van Eyck zugeschriebene Miniatur „Totenmesse"[22] im Turin-Mailänder Stundenbuch ist das älteste Werk von seinen erhaltenen Arbeiten, das einen Kirchenraum darstellt.

---

[18] Der originale Satz „gran maestro Johannes que prima fe l'arte d'illuminare libri, sive ut hodie loquimur miniare" wurde direkt übersetzt als „Jan war der erste Buchmaler gewesen", Friedländer behauptet, dass der Satz nur Sinn bekäme, wenn er als „Jan begann mit Buchmalerei" verstanden werde. Siehe M. Friedländer (1924) Bd. I., S. 68.
[19] Hulin de Loo machte stilkritische Untersuchungen und veröffentlichte im Jahr 1902 die Ergebnisse, die die Miniaturen in verschiedene Gruppen von „ausführenden Händen" einteilten. Die Gruppen G und H werden den Brüdern van Eyck zugeschrieben. Siehe Friedländer (1924) Bd. I., S. 68f. und auch Belting/Kruse (1994), S. 143.
[20] W. Schöne (1939), S. 10.
[21] Zur Datierung und Auftragsgeschichte siehe Sterling (1976), S. 12ff. und Belting/Kruse (1994), S. 142f.
[22] Obwohl die Mehrzahl der Kunsthistoriker (z. B. M. Friedländer, W. Schöne, K. von Tolnai, E. Panofsky, W. Sauerländer, A. Châtelet, H. Belting u. a.) diese Miniatur Jan van Eyck zuschreiben, vertreten bedeutende Forscher wie Otto Pächt und Millard Meiss die gegensätzliche Meinung. Siehe O. Pächt (2002), S. 204ff. und M. Meiss (1945), S. 181.

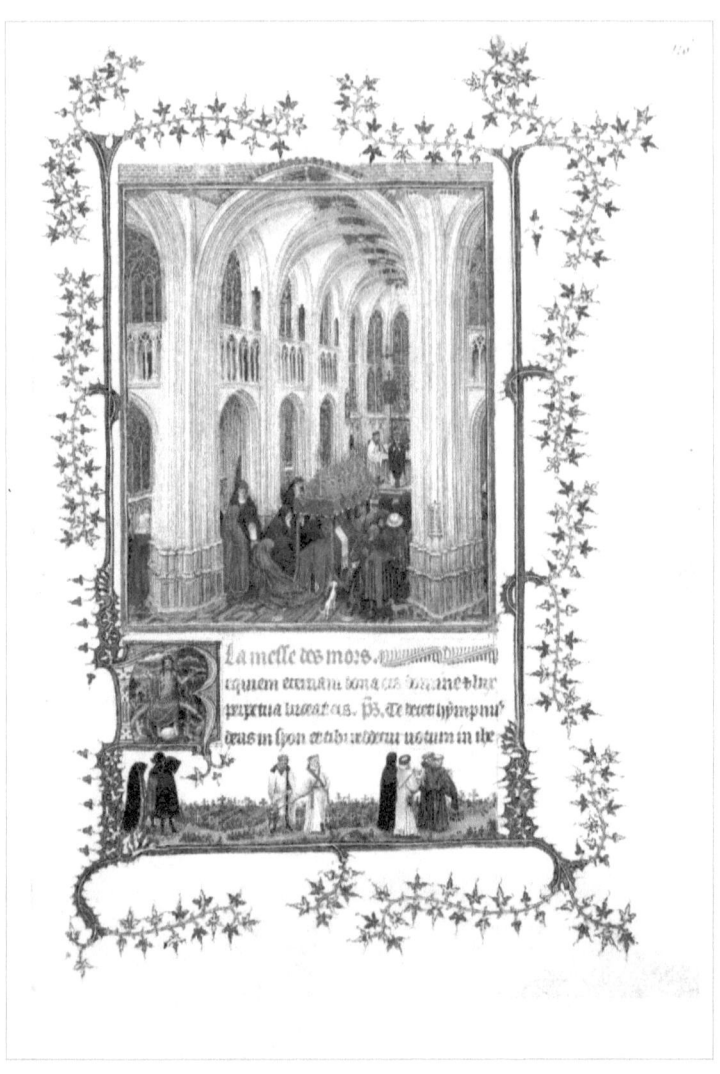

Abb. 11
Jan van Eyck:
Turin–Mailänder Stundenbuch, Totenmesse, fol. 116 r, um 1420,
Pergament, Foliogröße 28 x 19 cm.

Die Miniatur gibt das Innere einer gotischen Kirche naturgetreu wieder, so dass Willibald Sauerländer feststellte, dass sie ein Inkunabel eines getreuen Kirchenporträts sei.[23] Obwohl die Miniatur den Titel „La messe des morts" trägt, zeigt die Darstellung wie Hans Belting und Christiane Kruse richtig beschreiben: „Die Totenmesse ist mehr von dem spätgotischen Kircheninterieur motiviert als von der Totenliturgie, die sie illustrieren soll."[24]

Durch einen etwas schrägen Einblick wird der dreischiffige gotische Kircheraum sichtbar. Im Vordergrund ist eine dreiteilige Arkade zu sehen, die die östliche Wand des Querhauses darstellt und an den Chor anschließt. Der Chor umfasst drei Langchorjoche und das umgangslosen Chorpolygon mit Fünfzehntelschluß. Die Wandgliederung der Chorjoche und des Chorpolygons ist jeweils dreiteilig, aber unterschiedlich eingeteilt. Bei den Chorjochen besteht der dreigeschossige Wandaufbau aus Arkaden, Triforien (hier: gruppierte Reihentriforien aus vier Lanzetten mit zweibahnigem Maßwerk) und Maßwerkfenstern. Bei dem Chorpolygon befindet sich unten ein niedriges Sockelgeschoß, die Obergeschosse des Chorpolygons bestehen aus zwei Fenstergeschossen, die nur durch sehr schmale Fensterbänke getrennt sind. Die Stirnwand des Chorpolygons ist partiell gezeigt. Die Stützen sind Bündelpfeiler, von sehr dünnen Diensten umgeben, die ohne Unterbrechungen (Kapitell, Kämpfer), hoch hinein in die vierteiligen Gewölbe verlaufen. Die Gewölbescheitel sind vollständig wiedergegeben. Wegen des dünnen, linearen Stils der Bündeldienste, nimmt Panofsky an, dass Jan van Eyck hier eine Kirche im gotischen Stil des späten 14. oder frühen 15. Jahrhunderts gezeigt hat.[25]

---

[23] W. Sauerländer (1994), S. 170.
[24] Belting/Kruse (1994), S. 143.
[25] E. Panofsky (1953), S. 245.

Im Vergleich zu andern Gemälden der Zeit, die den Innenraum einer Kirche zeigen, verhalten sich hier die Figuren in einer fast natürlichen Größe zum Gebäude. Der Fußboden ist mit farbigen Fliesen bedeckt, dazwischen befinden sich einige blaue Grabplatten, die anzeigen, dass dieser Chor als Grablege diente.[26] Außer der dreifarbigen (gold, rot und blau) Schlusssteinreihe des Gewölbes ist die ganze Architektur in monotonem Steingrau gehalten. Die Fenster, obwohl es farbige Maßwerkglasfenster sind, bleiben dunkel und lichtundurchlässig.

Die Konzeption des reichgegliederten gotischen Kirchenraums in der „Totenmesse" mit Bündelpfeilern, Triforiumgalerien und farbigen Glasfenstern erinnert an ein anderes Werk Jan van Eycks, die „Madonna in der Kirche" (Abb. 12), die auch nach ihrem Aufbewahrungsort als „Berliner Kirchenmadonna" bezeichnet wird.

---

[26] Siehe W. Sauerländer (1994), S. 171.

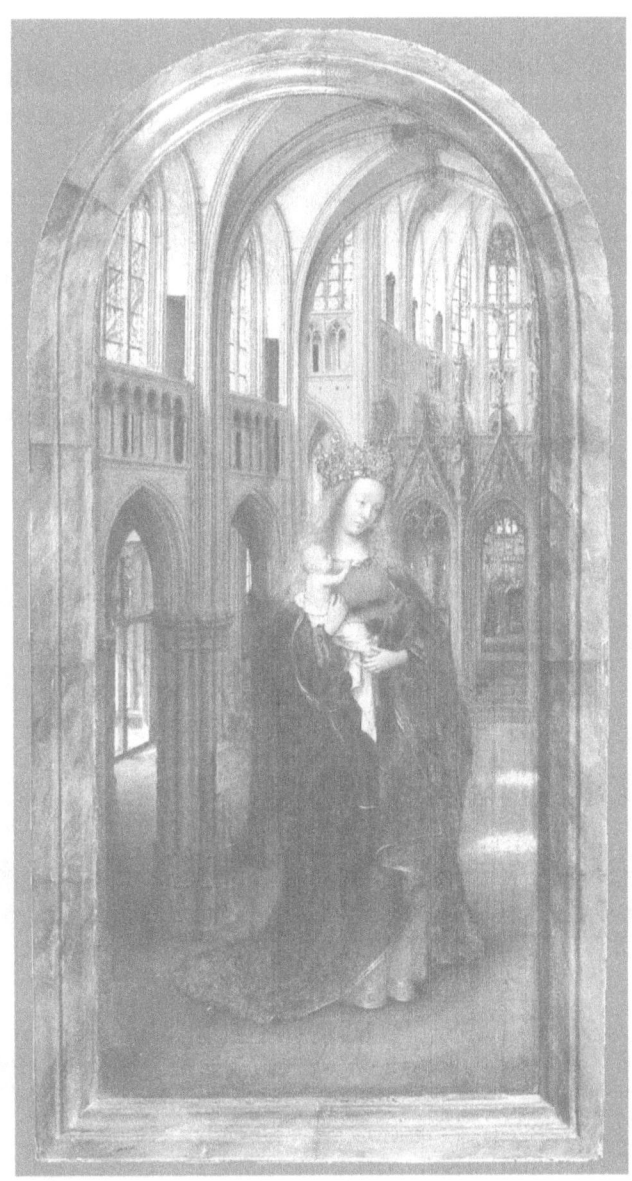

Abb. 12
Jan van Eyck:
Madonna in der Kirche, um 1425, Öl auf Holz, 32 x 14 cm.

1.2. Madonna in der Kirche (um 1425)[27] (Abb. 12)

Die Datierung und der Schöpfer der Madonna in der Kirche waren im 19. Jahrhundert noch nicht sicher bekannt. Erst nachdem das Forschungsergebnis des „Turin-Mailänder Stundenbuch" das Mitwirken der Brüder van Eyck an diesem Gebetbuch bestätigt hatte, wurde die Madonna in der Kirche wegen der ähnlichen Architektur mit der Miniatur „Totenmesse" durch Hulin de Loo Hubert van Eyck zugeschrieben. Charles de Tolnay sah sie jedoch als ein Jugendwerk Jan van Eycks an – diese später anerkannte Meinung wird auch in dieser Arbeit vertreten.[28]

Heute sind zwei Kopien der Berliner Madonna aus verschiedenen Zeiten erhalten: Von dem Meister von 1499 in Antwerpen, Koninklijk Museum voor Schone Kunsten (Abb. 13) und von Jan Gossaert in Rom, Galleria Doria. Beide stellen die linke Hälfte eines Diptychons dar: Die erste Kopie stellt auf der rechten Tafel den Abt Christiaan de Hondt dar; auf der zweiten ist der Stifter in einer Landschaft zu sehen. Diese beiden, jeweils zu einem Diptychon gehörenden Kopien, bieten uns eine Erklärung für die hohe schmale Form der Tafel und den relativ schrägen Einblick in die Architektur an.[29] Da der Blickpunkt in der rechten Bildseite bzw. der Mitte

---

[27] Die übliche Datierung des Gemäldes ist um 1425. Aber Lotte Brand Philip vertritt jedoch andere Meinung: Angesichts der vereinheitlichten Lichtführung auf der Tafel spricht Philip für eine Datierung nach der Genter Verkündigung, nämlich nach 1432. Siehe L. Brand Philip (1967), S. 80.

[28] Zur Geschichte der Identität der Madonna in der Kirche siehe E. Dhanens (1980), S. 316ff. Dazu behauptet Dhanens, dass die Entwicklung der Ansichten auch uns etwas über die Entwicklung der Kunstgeschichte selbst lehre. Zu dem Verhältnis zwischen Totenmesse und Kirchenmadonna siehe T. Musper (1948), S. 95; und E. Panofsky (1953), S. 245, darin behauptet er, dass die Miniatur „Totenmesse" ein Auftakt (prelude) zu der Madonna in der Kirche sei, während die andere Miniatur „Geburt des Johannes" ein Auftakt zur Arnolfini–Hochzeit sei.

[29] Vgl. H. Jantzen (1979), S. 3f. und E. Dhanens (1980), S. 325.

des gesamten Diptychons liegen sollte, zeigte sich das Kircheninnere in einer auffallenden Schrägsicht.

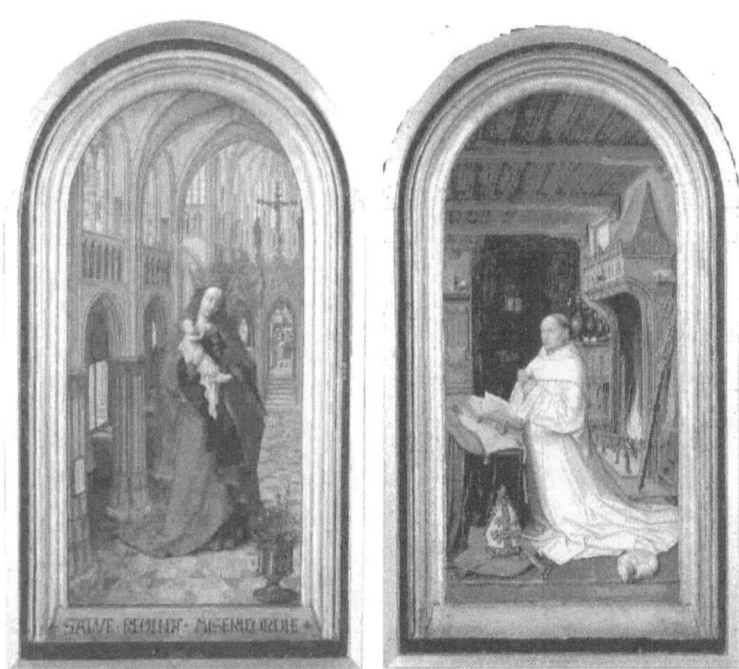

Abb. 13
Meister von 1499:
Diptychon von Christiaan de Hondet, 1499, Öl auf Holz, je 31 x 14,5 cm.

Wegen dieser Schrägsicht erscheint der Raum nur als Fragment einer dreischiffigen Basilika. Links vorne sehen wir nur einen kleinen Teil des vordersten Langhauspfeilers am Rand des Bilds. Ab diesem Langhauspfeiler beginnen die letzten zwei Joche vor dem Querschiff. Die Madonna steht im Mittelschiff unter den beiden Jochen. Weiterhin wird über dem Querhaus, hinter einem reich dekorierten Lettner, ein erhöhter

Chor mit Umgang sichtbar. Ein Engel und ein Geistlicher befinden sich in der Mitte des Chors.

Die Wandgliederung des Langhaus' ist dreigeschossig: Arkaden auf Bündelpfeilern, Reihentriforium und Obergadenfenster. Der Fußboden ist schlicht mit kleingemusterten Fliesen belegt. Die Gewölbedienste verlaufen ohne große Unterbrechungen, nur am Anfang des Arkadenbogens befinden sich verkröpfte Kämpfer. Alle Gewölberippen biegen sich nach rechts in Richtung der Tafelrundung.[30] Das vierteilige Kreuzrippengewölbe ist verkürzt gemalt und erscheint beinahe als Rundbogen.

Im Gegensatz zu den dunklen Fenstern in der Miniatur „Totenmesse" (Abb. 11), sind hier die Obergadenfenster durch Sonnenlicht erleuchtet. An den Laibungen der Fenster, an den Diensten der Gewölbe und auch auf dem Boden sind das Sonnenlicht und durch Gläser gefärbte Lichtflecken zu sehen. Der ganze Raum ist von dämmrigen Licht erfüllt. Die Obergadenfenster sind so transparent, dass sogar die Strebebogen des Außenbaus hindurch sichtbar werden.[31]

Hinter dem Querschiff, über dem reich verzierten gotischen Lettner, steht die Triumphkreuzgruppe; unten links, in der Lettnernische befindet sich eine Statue der Madonna, flankiert von zwei brennenden Kerzen auf einem Altar.[32] Die Gestaltung der Madonnenstatue zeigt Ähnlichkeiten mit der Madonna im Langhaus: Beide haben eine Krone auf und tragen das

---

[30] Nach Hans Janzen, so gelang es dem Maler, den Reichtum der architektonischen Elemente in Einklang mit der Figur zu bringen. Siehe H. Jantzen (1979), S. 3.
[31] Ibid., S. 4, Janzen behauptet, dass eine solche Wiedergabe eine für jene Zeit einzigartige Darstellung sei, derartige Phänomene würden erst wieder bei Emanuel de Witte, einem der bedeutendsten Architekturmaler des 17. Jahrhunderts, auftauchen.
[32] Die brennenden Kerzen symbolisieren Inkarnation, siehe Meiss (1945), S. 181 und Sauer (1924), S. 187.

Christuskind auf dem rechten Arm, auch die Geste des Christuskinds ist ähnlich. Auch die Madonna in der Kirche unter dem Gewölbe ähnelt der Statue in der Nische unter dem Bogen.

Hinter dem Lettner wird ein Teil des Chorpolygons wiedergegeben. Der erhöhte Chor besitzt einen dreigeschossigen Wandaufbau, die Länge der Pfeiler und Bogen entsprechen denen im Langhaus, der Stil des Triforiums ist hier jedoch anders: Die gruppierten Reihentriforien aus zwei Lanzetten mit zweibahnigem Maßwerk hier sind reicher und wohl auch moderner als die schlichten Formen im Langhaus.[33] Der Chor ist erhöht, da der Grund des Chorbaus angehoben ist. Unter dem Lettner wird eine sechsstufige Treppe gezeigt. Diese Treppe ist durch den Bogen links von der Madonna noch zu sehen, hier aber nicht konsequent dargestellt, da die beiden Stücke nicht auf gleicher Ebene zu liegen scheinen.[34]

Trotz dieser fehlerhaften Darstellung der Treppe ist der gehobene Chor eine gelungene Neuerung im Bild. Erwin Mitsch vergleicht die „Totenmesse" mit der „Madonna in der Kirche" und behauptet, dass die Einfügung eines Querschiffes und die Erhöhung des Chores die wichtigste Änderung der „Madonna in der Kirche" gegenüber der „Totenmesse" sei. Dadurch würde die Madonnengestalt mit der Kirche architektonisch eng aneinandergebunden.[35] Auch Hans Jantzen beurteilt diese Bildanordnung positiv: „Diese sprunghafte Anlage gibt der Architektur eine außerordentliche Lebendigkeit. Vor allem aber wird die Härte in der Wahl

---

[33] Solche Darstellung entspricht der architektonischen Wirklichkeit mittelalterlicher Kirche, in der wurden manche Kirchen mit hierarchischen Abstufungen gebaut: Die architektonischen Formen im Chor und Querhaus sind reicher als die im Langhaus. Die Darstellung in dieser Tafel zeigt, dass Jan van Eyck die Architektur sehr genau beobachtet hat.
[34] Diese zwei Treppenteile werden in den beiden Kopien in Antwerpen und Rom perspektivisch richtig dargestellt.
[35] E. Mitsch (1958), S. 67.

des hohen Augenpunktes gemildert, denn die Kirche gewinnt nun im Chorbau an Höhe. Die Triforiengalerie ist dort über die Madonna hinausgerückt, und die abschließenden Gewölbe sind vermieden."[36]

Ein oft diskutiertes Thema bei der „Berliner Madonna" ist die symbolische Bedeutung des dämmrigen Lichts in dem Kirchenraum. Die Meinung, dass das erleuchtete Kircheninnere in einer symbolischen Beziehung zu der beherrschenden Gestalt der Maria/Ecclesia steht, wird von Kunsthistorikern übereinstimmend vertreten.[37] Auch die Bedeutung der Madonna als personifizierte Ecclesia, die christliche Kirche und damit auch das Himmlische Jerusalem, gilt als unumstritten. Uneinigkeit besteht in der Frage nach der Bedeutung des Lichts von Norden. Für Panofsky, symbolisiert der Lichteinfall von Norden, in diesem wie auch in Jan van Eycks anderen zwei Werken „Paele Madonna" (Abb. 14) und „Dresdener Altar" (Abb. 6) „ein übernatürliches von Gott ausgestrahltes Licht".[38] Dagegen vertritt Willibald Sauerländer die Meinung, dass sich der Lichteinfall von Norden ganz einfach aus der Komposition des Diptychons erkläre: So weist das Licht von links kommend in die Richtung der zweiten Tafel rechts neben der Madonna, auf der der Stifter zu sehen ist. Die seit Panofsky wiederholte Interpretation als „übernatürliches Licht" wird von Sauerländer als „Überdeutung" beurteilt.[39] Auch der von Panofsky erwähnte „deutliche Hinweis" von dem Maler selbst, die Schrift auf dem Saum von Marias Mantel: „Haec est speciosor sole" („sie geht einher

---

[36] H. Jantzen (1979), S. 3.
[37] Vgl. W. Sauerländer (1994), S. 172; auch M. Meiss (1945), S. 179ff.; E. Panofsky (1953), S. 145ff.; L. B. Philip (1967), S. 83; Belting/Kruse (1994), S. 143; S. N. Blum (1996), S. 166, u. a.
[38] „A supernatural radiance emanating from God", siehe E. Panofsky (1953), S. 147f.
[39] Siehe W. Sauerländer (1994), S. 181f. Anm. 29

herrlicher denn die Sonne")[40] aus dem Buch von der Weisheit Salomonis, wird von Sauerländer nur als Ergänzung zu der These, dass die Madonna in der Kirche der Madonna im Himmel gleicht, gesehen.[41]

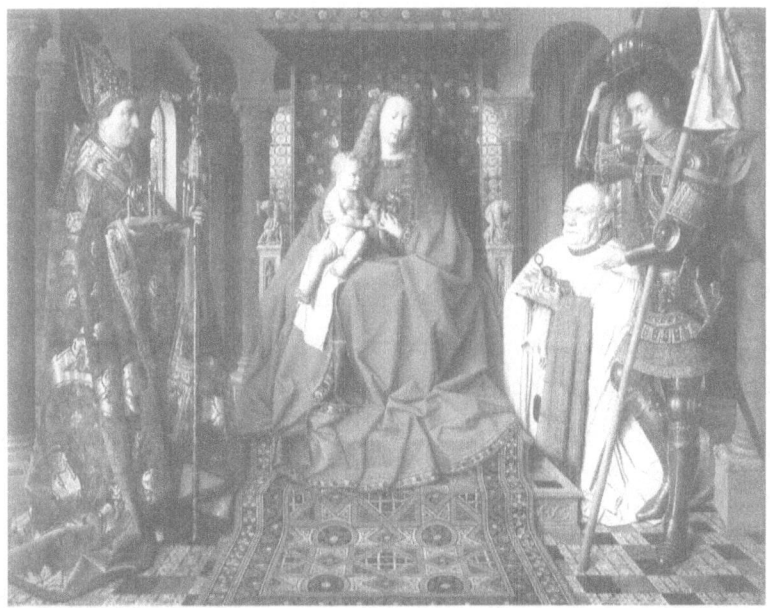

Abb. 14
Jan van Eyck:
Paele Madonna, 1436, Öl auf Holz, 122 x 157 cm.

Die auffallend große Figur der Madonna in der Kirche führt häufig zur Kritik an dem Größenverhältnis zwischen Figur und Architektur in diesem Bild. Panofsky verteidigt das scheinbar falsche Verhältnis: „In

---

[40] Ein Teil dieser Schrift taucht wieder auf dem Rahmen des Dresdener Altars auf. Siehe M. Meiss (1945), S. 180.
[41] Vgl. W. Sauerländer (1994), S. 172 und Panofsky (1953), S. 148.

reality, his picture represents, not so much 'a Virgin Mary in a church' as 'the Virgin Mary as The Church'; [...] And in doing so, it follows, in spite of its apparent naturalism, an age-old tradition both in idea and in form."[42] Auch Otto Pächt vertritt diese Meinung und bemerkt zudem, dass die Überproportionierung der Madonna mit ihrer Symbolbedeutung als Maria/Ecclesia zusammenhänge und in ihr alle Erfahrungstatsachen transzendierende Motivierung fänden. Daher sei eine gemalte Tautologie entstanden: Aus Maria als die Kirche werde so Maria in der Kirche.[43]

Die Kirchenräume in der Miniatur „Totenmesse" und auf der Tafel „Berliner Madonna" sind gotisch (obwohl in der „Berliner Madonna", die verkürzt dargestellten Kreuzrippen als Rundbogen erscheinen[44]), in Jan van Eycks „späteren" Bildern[45], in denen ein Kircheninterieur gezeigt wird, hat der Maler Formen des romanischen Stils verwendet. Die heute in der Washington National Gallery of Art aufbewahrte „Verkündigung" ist Beispiel dafür und soll im nächsten Kapitel besprochen werden.

1.3. Verkündigung in Washington (um 1434)[46] (Abb. 8)

Das heute nach seinem Aufbewahrungsort benannte Gemälde „Verkündigung in Washington" wurde vor 1931 als „Petersburger

---

[42] E. Panofsky (1953), S. 145.
[43] O. Pächt (2002), S. 205.
[44] Der naheliegende Grund zu dieser „Metamorphose" wird in dem Kapitel V. 2. „Architekturstil: Romanik oder Gotik" dieser Magisterarbeit noch erörtert werden.
[45] Chronologie nach Max Friedländers, die in dieser Arbeit verwendet wird.
[46] Für diese Arbeit wird die sog. allgemeine Datierung aus dem Buch von Belting/Kruse (1994, S. 152f.) anerkannt, obwohl Panofsky eine Datierung von 1428–1429 vorschlägt.

Verkündigung" bezeichnet.[47] Das Bild stammt möglicherweise aus Dijon, wo es vielleicht von Philip dem Guten für die Chartreuse de Champmol in Auftrag gegeben wurde.[48] Aufgrund des schmalen Hochformats (92,7 x 36,7 cm) lässt sich vermuten, dass das Gemälde keine autonome Tafel, sondern der linke Flügel eines Triptychons war.[49] Daraus würde sich auch der schräge Einblick in das Bild erklären lassen.

Der Raum ist willkürlich durch die Bildfläche geschnitten und auffallend schräg gesehen. Ein Kastenraum als Ausschnitt einer dreischiffigen, flachgedeckten romanischen Basilika wird als Schauplatz der Verkündigung sichtbar gezeigt.[50] Der Wandaufbau ist dreigeschossig: Arkadengeschoss, Triforium und Fensterzone. Da die linke Wand (Längswand) weit nach hinten gezogen ist, wird der Fußboden stark nach vorne verlagert und besetzt einen großen Teil der Bildfläche. Die Fußbodenfliesen sind große quadratische Marmorplatten, jede Platte sieht wie ein Bild aus, auf dem pompöse Rahmen und darin Szenen aus dem Alten Testament wiedergegeben sind.

An der Längswand stehen vier Arkaden, deren Stützen größtenteils von dem ausgebreiteten Mantel des Verkündigungsengels Gabriel verdeckt werden. Die Stützen sind Rundsäulen auf Sockeln mit polierten Schäften und reichgeschmückten romanischen Kapitellen. Jedes Kapitell besitzt

---

[47] Daher ist das Gemälde in den vor 1931 erschienen Büchern als „Petersburger Verkündigung" (M. Friedländer, K. Voll u. a.) oder als „Leningrader Verkündigung" (H. Jantzen) erwähnt.
Zur Aufbewahrungsgeschichte siehe W. H. J. Weale (1928), S. 98 und Belting/Kruse (1994), S. 152.
[48] Vgl. K. Voll (1923), S. 37f. und M. Friedländer (1924), Bd. I, S. 194.
[49] Siehe M. Friedländer (1924), Bd. I, S. 194 und K. Voll (1923), S. 37.
[50] Nach Panofskys Meinung, ist die Verkündigungsszene bei der „Verkündigung in Washington" das erste Mal in der Tafelmalerei ganz im Innenraum einer Kirche dargestellt. Siehe Panofsky (1953), S. 137.

unterschiedliches verschlungenes Flechtwerk. Zwischen den leicht gespitzten Bogen befinden sich lisenenartige schmale Pilasterstreifen, die durch leichte Unterbrechungen von einem scharfen Gesims weiter bis zum Triforiumgeschoss reichen, und sich schließlich in der glatten Wand über dem Triforium verlieren. Das Triforium besteht aus schlichten rechteckigen Mauerausschnitten mit geringer Tiefe, in denen sich je eine Stellung von fünf dünnen Säulchen mit Sockeln und Kapitellen befinden. Die Obergadenfenster sind rundbogig senkrecht in die Wand eingeschnitten, im Bereich des Gewändes befindet sich ein Rundstab mit Kapitell. Die Maße der Joche sind nicht gleich: Die ersten zwei Arkaden im Vordergrund enthalten breitere Spannweiten als die beiden letzten an der Ecke zur Querwand.

An der Querwand befinden sich drei Arkaden im gleichem Stil wie an der Längswand. Im Bereich der Bogenzwickel befinden sich jedoch keine lisenenartigen Pilasterstreifen, sondern zwei kleine Medaillons, die Isaak und Jakob zeigen.[51] Durch die drei Arkaden blicken wir in einen Umgang mit drei Fenstern, deren Anordnung den Arkaden genau entspricht. In jedem rechteckigen Mauerausschnitt des Triforiums befinden sich drei statt fünf Säulchen. Das Obergadengeschoss ist anders als an der Längswand: In der Mitte ist ein rundbogiges Glasfenster mit Gottvater in der Mandorla, bekrönt von zwei Cherubim zu sehen. Auf den beiden Seiten daneben befinden sich Wandmalereien im romanischen Stil auf der Wandfläche. Links wird die Auffindung des Moses-Kindes (Ex. 2, 6) und rechts die Überreichung des zweiten Gebots an Moses (Ex. 20, 7) gezeigt.[52] Die Decke ist flach und in Kassetten zerlegt.

---

[51] Siehe J. L. Ward (1975), S. 206.
[52] Siehe W. H. J. Weale (1928); S. Panofsky (1953), S. 138; J. L. Ward (1975), S. 205f.; Belting/Kruse (1994), S. 153.

In der Mitte des Raums steht an der linken Seite der Erzengel Gabriel mit einem Zepter in der linken Hand, mit seiner Rechten weist er nach oben und spricht den Gruß: „Ave gratia plena", der in goldenen Buchstaben geschrieben steht. Rechts bezeugt die vor einem Gebetsstuhl kniende Maria die Antwort „Ecce ancilla domini", die durch umgedrehte Buchstaben gezeigt wird, so dass sie an Gott gerichtet ist. Links oben fällt durch ein Obergadenfenster der Hl. Geist als Taube und in Form von sieben Goldstrahlen herein. Das Licht des Raums kommt aus zwei Richtungen, links von den Obergadenfenstern und rechts: vorne von Maria.

Trotz der überzeugenden Innenraumdarstellung ist die Vermutung einer „archäologischen treuen Aufnahme"[53] nicht haltbar. Die meisten Kunsthistoriker sind der Meinung, dass die Architektur eine Erfindung des Malers sei. Der entscheidende Gesichtspunkt dafür ist die reiche Symbolik in dem Gemälde.

Das Bild ist überhäuft von Symbolen, John Ward behauptet sogar, dass Jan van Eyck in keinem Bild so viel Symbolik wie in der „Verkündigung in Washington" komprimiert habe.[54] Überall in dem Raum befinden sich Symbole, die sich sinnbildlich auf die Jungfräulichkeit Mariens sowie auf die Passion Christi beziehen: die verkehrte Schrift, die sieben Strahlen durch die klare Glasssscheibe und die Taube[55], die Lilie in der Flasche,[56] der

---

[53] Siehe W. Körte (1930), S. 12.
[54] Siehe J. L. Ward (1975), S. 220.
[55] Die sieben Strahlen stehen für die sieben Begabungen des Hl. Geists: Weisheit, Verstand, Rat, Kraft, Kenntnis, Frömmigkeit und Furcht, siehe C. Didron, Christian Iconography, London 1886, I, pp. 423ff., hier zitiert aus M. Meiss (1945), S. 178. Die Taube symbolisiert den Hl. Geist und Christus, da sie durch das Fenster kommt ohne es zu brechen, siehe ibid., S. 179.
[56] Anspielung auf die Reinheit Mariens.

Schemel im Vordergrund,[57] die drei Fenster hinter Maria,[58] die Motive der Wandmalereien, und vor allem das Bildprogramm auf dem Fliesenboden.[59]

Ausgegangen von dieser reichen Symbolik, bemerkt Panofsky die gotischen Elemente in dem romanischen Kirchenraum – die spitzen Bogen im Arkadengeschoss und die drei leicht gespitzten Fenster hinter Maria – und deutet an, dass van Eyck bewußt eine Kombination beider Architekturstile, nämlich Romanik von oben bis Gotik nach unten im Bild anwendete. So bemerkt Panofsky über diese Anordnung: „Empirically, this is odd. Symbolically, however, it is not only consistent but profound. The picture illustrates, in architectural terms, the self-revelation and self-explication of the Trinity which marks the transition from the Jewish to the Christian era, the Trinity being, again, signified by the three Gothic windows in the lower zone."[60] Nach Panofsky steht der von der Romanik bis zur Gotik vertretene Architekturstil parallel zum Alten Testament bis Neuen Testament, bzw. zugleich von der Zeit „sub lege (under law)" bis zu der Zeit „sub gratia (under grace)".[61] Von hier aus folgert er, dass der romanische Innenraum in dem Bild nicht nur das alte, terrestrische

---

[57] Nach Panofsky könnte der Schemel eine Bedeutung im Sinne Jesaja 66, 1: „so spricht der Herr: Der Himmel ist mein Thron und die Erde der Schemel meiner Füße" besitzen. Weiterhin interpretiert John L. Ward „Together with the Virgin, it [der Schemel] is one of the focal points of the painting, not only visually but conceptually. The idea conveyed is of a place prepared for the infant Christ, who has given up his heavenly throne to become man." Siehe J. L. Ward (1975), S. 196.
[58] Sie symbolisieren nicht nur die „Trinität", sondern auch die „Inkarnation". Siehe M. Meiss (1945), S. 178f.
[59] Tierkreiszeichen und die Szenen aus dem Alten Testament deuten Christi Opfertod voraus: Unter dem Gewand des Engels ist die Szene dargestellt, in der Simson den Philistern Schaden zufügt (Richter 15); links vorne zeigt die Fliese den Verrat Delilas (Richter 16, 4–5); die Fliese im Vordergrund stellt die Szene dar, in der David Goliath erschlägt, die Fliese dahinter zeigt, wie Simson den Tempel Dogons zum Einsturz bringt (Richter 16, 23–30) . Zusammen mit Moses in den Wandmalereien weisen alle auf Christi Passion hin. Zur Ikonographie des Bildprogramms siehe Panofsky (1953), S. 138f.; J. L. Ward (1975), S. 198ff.; und C. J. Purtle (1999), S. 121f.
[60] Siehe Panofsky (1953), S. 138.
[61] Ibid., S. 139.

Jerusalem hindeute, sondern auch das neue, himmlische Jerusalem impliziere.[62]

Diese Ansicht wurde von der Kunsthistorikerin Lotte Brand Philip übernommen: „So bedeutet in der Verkündigung in Washington die Architektur Tempel und Kirche zugleich. Sie ist der Tempel, weil nach einer bestimmten Auffassung, die auf den Apokryphen beruht, die historische Szene der Verkündigung im Tempel stattgefunden hat. Sie ist eine Kirche, weil sie das Himmlische Jerusalem bezeichnet, in dem sich die zeitlose Heilswahrheit der Menschwerdung vollzieht."[63] Lotte Brand Philip hat die Werke van Eycks analysiert und kommt zu der These, dass die Darstellung des Himmlischen Jerusalem als gemalte Gesamtszenerie die Zentralidee der eyckischen Kunst sei.[64] Ein Werk van Eycks, das diese These unterstützt, ist ein heute in der Dresdener Gemäldegalerie befindliches Altärchen, der sog. Dresdener Altar.

1.4. Dresdener Altar (1437) (Abb. 6)

Der Dresdener Altar wird wegen der relativ kleinen Maße (Mitteltafel H. 33,1 cm, B. 27,5 cm, Flügel H. 33,1 cm, B. 13,6 cm) oft als „Dresdener Altärchen" bezeichnet. Vermutlich diente er ursprünglich als Reisealtar.[65] Seit 1754 ist der Altar nachweisbar in Dresden, und wurde dort zunächst als Werk Albrecht Dürers inventarisiert. Erst seit 1846 ist das Werk Jan van Eyck zugeschrieben. Im Jahr 1958 wurde die Signatur bei einer Restaurierung freigelegt: auf der Hohlkehle des Rahmens der Mitteltafel

---

[62] Panofsky (1953), S. 139.
[63] L. Brand Philip (WRJ 1967), S. 94.
[64] Ibid., S. 95.
[65] Siehe E. Dhanens (1980), S.246.

befindet sich die Inschrift: „Johannes de Eyck me fecit et có(m)plevit Anno Domini MCCCC XXX VII. Als ixh xan."[66] Seitdem ist die Zuschreibungsfrage dieses Altars geklärt.

Auf der Mitteltafel des Altars ist die thronende Madonna dargestellt, im linken Flügel kniet der betende Stifter geführt vom Erzengel Michael; auf dem rechten Flügel ist die Hl. Katharina zu sehen. Die Anordnung des Bildprogramms und die Architektur erinnern an die „Paele-Madonna" (Abb. 14), die kurz vor dem Dresdener Altar im Jahr 1436 vollendet wurde.[67] Auf dem Rahmen der beiden Werke steht die gleiche Passage aus dem Buch der Weisheit, die auch auf den Mantelsaum der Berliner Madonna gestickt ist.[68]

Die Anordnung und die Raumauffassung des Dresdener Altars sind raffinierter als die „Paele-Madonna" (Abb. 14). Die drei Tafeln des Altars entsprechen der Teilung der dreischiffigen Basilika im Bild. Auch die Zwischenrahmen stimmen mit der Raumtrennung bzw. Raumverbindung des erdachten Kirchenraums überein. So ist der Rahmen selbst zum Teil der Darstellung geworden. Ein solches Arrangement tauchte bereits in der italienischen Malerei des Trecento auf, z. B. in Pietro Lorenzettis Altarwerk „Geburt der Jungfrau" von 1342 (Abb. 15). Im Norden war es später in Lukas Mosers „Magdalenenaltar" in Tiefenbronn von 1431 zu sehen (Abb. 16).

---

[66] Vgl. Ausstl. Katalog Gemäldegalerie Dresden Alte Meister (1992), S. 103f.
[67] Die Tafel zeigt die thronende Madonna in der Mitte eines romanischen Zentralbaus, auf der rechten Seite kniet der Stifter geführt vom Hl. Georg und auf der linken Seite steht der Hl. Donatian.
[68] Dies sind die Fragmente aus dem Buch der Weisheit (Lib. sap. 7, 29 und 7, 26): „Haec est speciosior sole et super omnem dispositionem stellarum luci comparata invenitur prior. Candor est enim lucis aeternae et speculum sine macula dei maiestatis ect." Vgl. E. Dhanens (1980), S. 385.

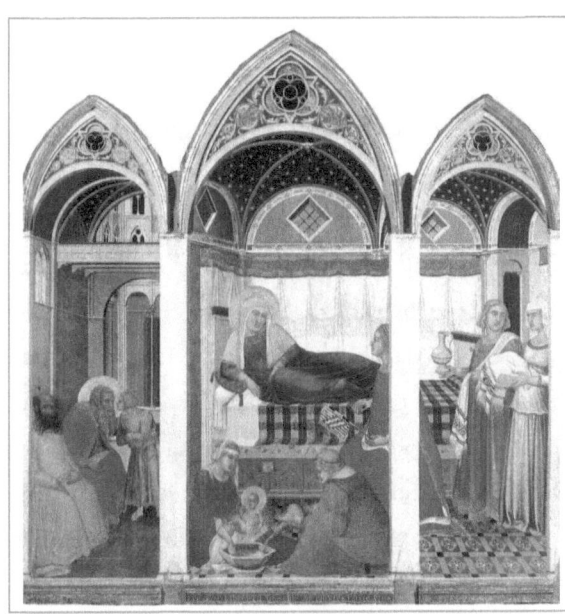

Abb. 15
Pietro Lorenzetti:
Geburt der
Jungfrau, 1342,
Tempera auf Hölz,
188 x 183 cm.

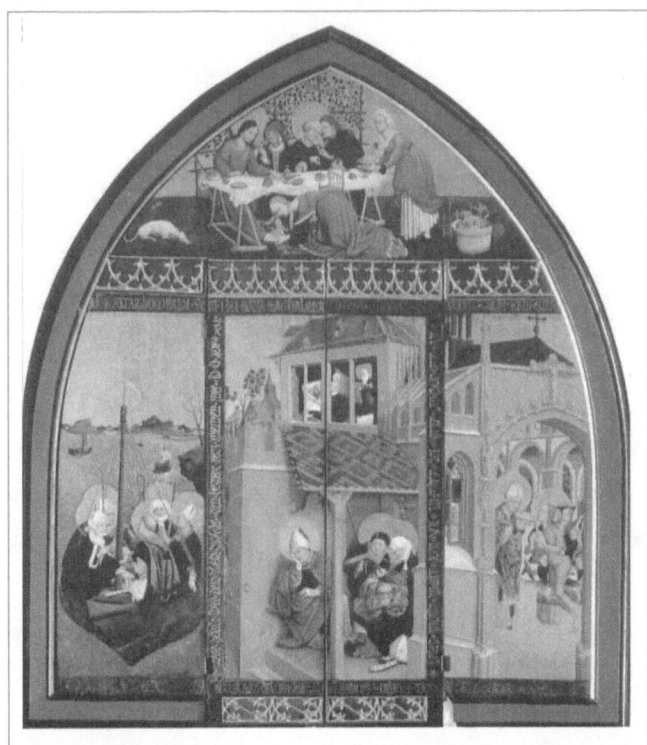

Abb. 16
Lukas Moser:
Magdalenenaltar,
1432, Öl auf Holz,
300 x 240 cm.

Im Dresdener Altar blicken wir durch einen direkten Einblick in das Mittelschiff eines völlig symmetrischen Kirchenraums. Im Mittelpunkt der gesamten Anlage befindet sich die zum Betrachter frontal thronende Madonna mit Christuskind unter einem prunkvollen Baldachin. Der Aufriss des Mittelschiffs zeigt eine zweigeschossige Wandgliederung: das Arkadengeschoss und den Obergaden. Die rundbogigen Arkaden werden durch verschiedene farbige Marmorsäulen gestützt. Die Säulen stehen auf hohen eckigen Sockeln mit gotischem Blendmaßwerk und romanischen Basen; sie besitzen romanische Kapitelle mit reichen kunstvoll verflochtenen Bändern, die bei den Kapitellen an den Eckpfeilern durch figürlichen Schmuck ersetzt werden. An der Stelle über den Kämpfern befinden sich Statuetten, die auf Konsolen und unter gotischen Baldachinen stehen.[69] Über den Arkaden, von einem stark horizontal betonten Gesims getrennt, befinden sich die unteren Teile der Obergadenfenster, die an der Querwand bzw. an der Wand hinter der Madonna deutlicher zu sehen sind. Dort erscheinen drei Fenster mit farbigen Glas, das Mittlere wird durch ein sehr dünnes Säulchen auffallend geteilt.

Die Fenster im Erdgeschoss sind im gotischen Stil gehalten und stehen auf hohen Wandsockelzonen. Die Wandfläche wird hier wie auch an den eckigen Sockeln der Säulen, mit gotischem Blendmaßwerk dekoriert. Diese Dekoration ist in den Seitenschiffen noch besser zu erkennen.

In den Seitenschiffen erscheinen die gotischen farbigen Maßwerkfenster und die Wandfläche unter der Fensterbank, die mit gotischem Blendmaßwerk geschmückt ist, sehr deutlich. Die nur zum Teil sichtbare

---

[69] Zur Identifizierung dieser Statuetten siehe E. Panofsky (1953), S. 140 und E. Dhanens (1980), S. 248, sie schlagen die zwölf Apostel vor, C. J. Purtle (1982), S. 134 und S. 139, identifiziert sie als Propheten.

Wölbung besitzt gotische Kreuzrippen, während der Stil der Kapitelle typisch romanisch ist. Auf dem linken Flügel, zeigt das Kapitell über dem Haupt des heiligen Michael eine historische Szene, in der ein siegender Kämpfer auf einem Pferd dargestellt ist. Dieses Siegesmotiv soll sich auf den heiligen Michael beziehen.[70] Auf dem rechten Flügel, hinter der heiligen Katharina, ist der Blick aus einem kleinen Fenster in eine Landschaft mit einer Stadt im Vordergrund und den von Schnee bedeckten Bergen im Hintergrund zu sehen. Durch diese Fensteraussicht und die Anordnung einer dreischiffigen Basilika im Triptychon, ist es Jan van Eyck laut Brand Philip gelungen, „einen unendlichen Raum" zu schaffen: „Wir sehen solch einen unendlichen Raum, der zwar künstlerisch optisch, aber nicht als Objekt materiell vom Rahmen begrenzt und eingeteilt ist [...] Erst hier haben wir einen echten Bildmikrokosmos, der mit dem Makrokosmos der realen Wirklichkeit die Eigenschaften der Unendlichkeit und Kontinuierlichkeit gemeinsam hat, der aber eine von diesem Makrokosmos grundsätzlich unterschiedene, selbständige Einheit ist. [...] In der Tat wird der Beschauer durch die Betrachtung dieser Darstellung von seiner eigenen realen visuellen Umgebung gelöst und in die Sphäre des Bildes versetzt."[71]

Die Raumwirkung des Dresdener Altars ist hervorragend, sie könnte sogar als eine der besten von allen Interieurs der Brüder Eyck bezeichnet werden.[72] Die symmetrisch zueinander stehenden Säulen und Arkaden verstärken die Tiefe des Raums. Auch die Fluchtlinien der Gesimse und der

---

[70] Vgl. E. Dahnens (1980), S. 250; außerdem vergleicht John L. Ward sogar diese Szene mit jener Szene mit Soldaten in der Bodenfliese in „Verkündigung in Washington" und zieht die Folgerung, dass die beiden Szenen parallel seien: „The closest parallel with the soldiers on the buttress occurs over the head of the Archangel Michael in Jan van Eyck's Dresden Triptych. In this work, Michael is more than a patron saint – he is the leader of God's heavenly army, as explained in the inscription on the original frame." Siehe J. L. Ward (1975), S. 198.
[71] Siehe L. Brand Philip (1967), S. 64.
[72] Siehe K. Doehlemann (1911), S. 403.

Säulensockel, der Rand des Teppichs, und die Musterung des Fußbodens tragen zu einer perspektivischen Tiefenwirkung bei.

Trotz dieser gelungenen Raumwirkung, ist das Verhältnis zwischen Figur und Architektur im Dresdener Altar problematisch. Die Figuren sind im Verhältnis zur Architektur zu groß. Die sitzende Gestalt der Madonna füllt horizontal fast die ganze Breite des Mittelschiffs aus. Vertikal reicht sie bis zu der Höhe des Säulenkapitells.

Eine Erklärung für diese „unnatürliche" Darstellung wie auch die „unrealistische" Kombination von gotischen und romanischen Stilelementen im Kirchenraum erklären sich einzig aus der Erfindung Jan van Eycks.

Panofsky und Brand Philip vertreten die Meinung, dass Jan van Eyck im Dresdener Altar tatsächlich das Himmlische Jerusalem zeigen wolle.[73] Brand Philip erklärt, dass die Madonna als personifizierte Ecclesia darstelle und die christliche Kirche, damit auch das Himmlische Jerusalem symbolisiere.[74] Und die Kirche als eine Basilika meine, dass sie zugleich Königspalast und Kirche sei.[75]

Ausgehend von der These Brand Philips, weist Carol J. Purtle auf die Wirkung der Kreuzzüge sowie den Einfluss von Philipp des Guten auf Jan van Eyck hin[76] und kommt zu einem neuen Ergebnis über die Intention Jan

---

[73] Siehe E. Panofsy (1953), S. 139f. und L. Brand Philip (1967), S. 82.
[74] Siehe L. Brand Philip (1967), S. 82.
[75] Ibid., S. 93.
[76] Siehe C. J. Purtle (1982), S. 131ff. Purtle argumentiert weiter, dass die heilige Katharina die Kirche des Heiligen Land bedeute (in Bezug auch auf die Stadtaussicht durch das Fenster) und der heilige Michael der idealen Figur des Kreuzzugritters gleiche.

van Eycks in der Darstellung des Dresdener Altars: „[...] we should be on firm ground to assume that Jan intended the altarpiece to celebrate the triumph of the Virgin Mother of God in the heavenly Jerusalem. [...] It is clear, then, without laboring the point here, that the richly robed and massive figure of the Virgin in the Dresden Triptych is not only the organic incarnation of the hall in which she is seated, but also the living symbol of the triumphant Church, the celestial kingdom located in the Jerusalem which is above ...the Mother of us all."[77]

Der Einfluss der Eyckschen Kunst auf zeitgenössische Künstler war groß. Weniger als ein Jahrzehnt nach der Anfertigung des Dresdener Altars, schuf Rogier van der Weyden den Sieben Sakramente Altar, der sich stark an die dreischiffige Kirchenanlage aus dem Werk Jan van Eycks anlehnte.

2. Œuvre Rogier van der Weydens

„Kein einziges Gemälde weist sich durch eine Inschrift aus als sein Werk, und, streng genommen, ist auch keines unzweifelhaft mit einer Urkunde verbunden, die seinen Namen nennt."[78] Diese Feststellung Max Friedländers am Anfang des Kapitels „der Weg zu Rogier" weist bereits auf die Schwierigkeit der Forschung zu Rogier van der Weydens Werke hin. Im Gegensatz zu Jan van Eyck, der einige seiner Gemälde signiert hat und dessen Ruhm vielleicht auch deswegen durchgängig lebte, war Rogier

---

[77] C. J. Purtle (1982), S. 140f.
[78] Siehe M. Friedländer (1924), Bd. II., S. 11.

an der Weyden am Ende des 16. Jahrhunderts in Vergessenheit geraten.[79] Erst im 19. Jahrhundert, als das neue Interesse für die altniederländische Malerei mit der Romantik erwachte, wurde er von Kunsthistorikern wiederentdeckt.

Bis heute ist die Stilkritik aufgrund des Mangels zeitgenössischer Quellen immer noch zweifelhaft. Nach zahlreichen kunsthistorischen Forschungen besitzen wir heute eine deutlichere Vorstellung des Künstlers: Rogier van der Weyden wurde 1399 oder 1400 in Tournai geboren. Da die Stadt damals zur französischen Krone gehörte, trug Rogier ursprünglich den Familiennamen „de le Pasture", bis er sich um 1435 in der flämischen Stadt Brüssel niederließ und eine Werkstatt eröffnete. Vermutlich machte er 1450 eine Reise nach Italien.[80] Als er 1464 in Brüssel starb, war er schon einer der berühmtesten niederländischen Maler geworden. Wahrscheinlich war Rogier van der Weyden ein Schüler von Robert Campin, dem Meister von Flémalle,[81] da einige Bilder stilistisch sehr ähnlich sind und viele Motive aus dem Werk des Meister von Flémalle in Rogiers Werkstatt wiederzufinden sind.

Außer der Anlehnung an das Werk des Robert Campin wird in den heute noch erhaltenen Rogier van der Weyden zugeschriebenen Bildern, der Einfluss Jan van Eycks sichtbar. Beispiele sind das auf Jan van Eycks

---

[79] Nach Belting und Kruse, zu Dürers Zeit, bestaunte Dürer noch das Werk Rogiers; Bereits 1575 jedoch wußte Molanus, der die Geschichte der Stadt Löwen schrieb, nicht mehr genau über Rogeir van der Weyden bescheid. Siehe Belting/Kruse (1994), S. 174f.
[80] Siehe M. Friedländer (1924), Bd. II., S. 14.
[81] Mehr über die Identifizierung des Meister von Flémalle und die Beziehung zwischen ihm und Rogier van der Weyden siehe M. Friedländer (1924), Bd. II., S. 55–80. die Veröffentlichung von Martin Davies (1972); den Aufsatz von Stephan Kemperdick und Jochen Sander, in: Franke/Welzel (Hg.), (1997), S. 166ff. und Stephan Kemperdick (1999), S. 8f.

„Rolin Madonna" (Abb. 17) zurückgehende Gemälde „Hl. Lukas porträtiert die Madonna" (Abb. 18) und der an der Miniatur „Geburt Johannes des Täufers" aus dem Turin-Mailänder Stundenbuch (Abb. 19) angelehnte Johannes-Altar (Abb. 20).

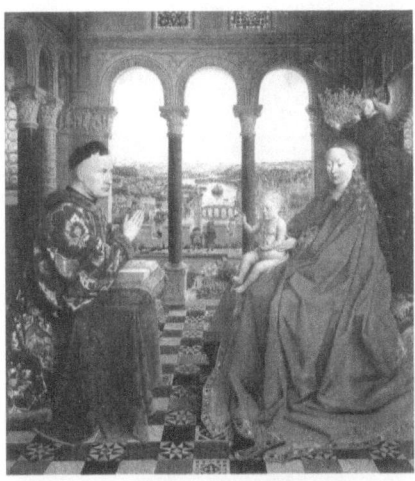

Abb. 17
Jan van Eyck:
Rolin Madonna, 1435,
Öl auf Holz, 66 x 62 cm.

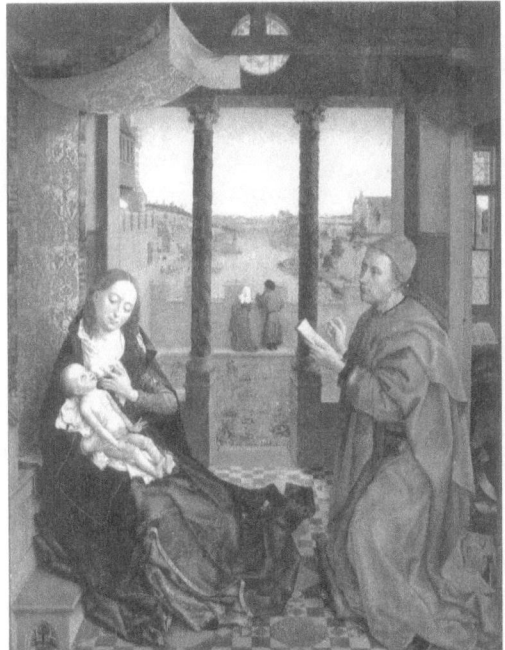

Abb. 18
Rogier van der Weyden:
Hl. Lukas porträtiert
die Madonna,
um 1435–36,
Öl auf Holz,
137,7 x 110,8 cm.

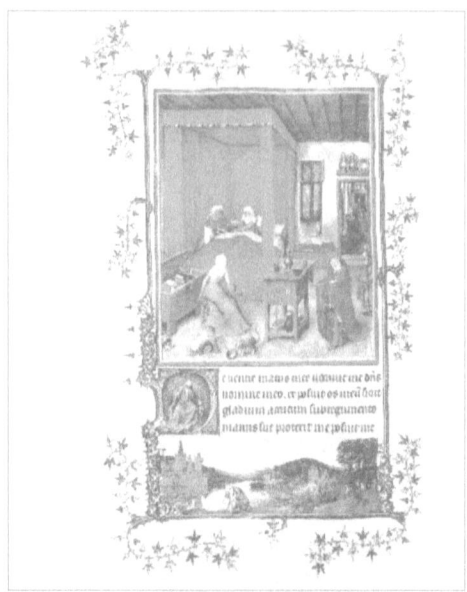

Abb. 19
Jan van Eyck:
Turin–Mailänder Stundenbuch,
Geburt Johannes des Täufers,
fol. 93v,
um 1420, Pergament,
Foliogröße 28 x 19 cm.

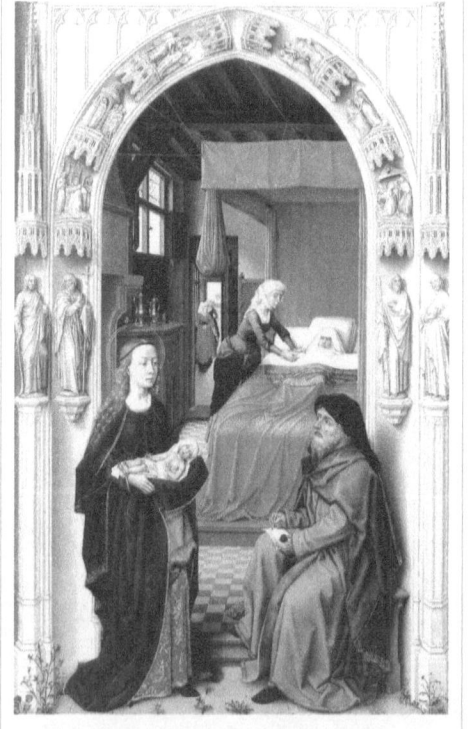

Abb. 20
Rogier van der Weyden:
Johannes–Altar,
Linker Flügel,
um 1455–1460,
Öl auf Holz,
77 x 48 cm.

Trotz dieser Ähnlichkeiten ist Rogier van der Weyden kein Kopist, sondern, noch Max Friedländers Beurteilung, ein „Erfinder".[82] Sein Werk verbindet alte Formen mit neuen. Obwohl manche Elemente aus andere Werke übernommen sind, schafft Rogier van der Weyden in seinen Werken neue Strukturen, neue Formen, eine neue Lyrik und Bewegung, die seinen eigenen Stil begründet haben. Der Altar der Sieben Sakramente ist eines solchen Werks, das zugleich Anlehnung wie eigene Schöpfung ist.

2.1. Altar der Sieben Sakramente (um 1440–1444) (Abb. 21)

Der Altar der Sieben Sakramente, heute im Antwerpener Koninklijk Museum voor Schone Kunsten, wurde im Auftrag von Jean Chevrot (um 1400–1460), Bischof von Tournai hergestellt, dessen Wappen auf dem linken Zwickel der Mitteltafel zu sehen ist.[83] Panofsky erkennt zudem in den im Sakrament der Firmung dargestellten Bischof ein Portrait des Bischofs Jean Chevrot.[84]

Der Altar ist ein Triptychon jedoch mit unbeweglichen Flügeln. Die dreischiffige Kirchenanlage erinnert an Jan van Eycks Dresdener Altar (Abb. 6), in dem jedoch nur der untere Teil des Kirchraums gezeigt wird. Rogier van der Weyden verwendet hier eine typisch spätgotische Retabelform mit erhöhtem Mittelteil, um eine gotische Basilika mit hohem, vollständig sichtbarem Mittelschiff zu zeigen.

---

[82] Nach Friedländers Meinung ist van Eyck ist ein „Entdecker", während van der Weyden ein „Erfinder „ ist. Siehe M. Friedländer (1928), Bd. VI., S. 55.
[83] Zu Details der Entstehungsgeschichte und die Datierung des Triptychons siehe A. Châtelet (1999), S. 133ff.
[84] Siehe E. Panofsky (1951), S. 33f.

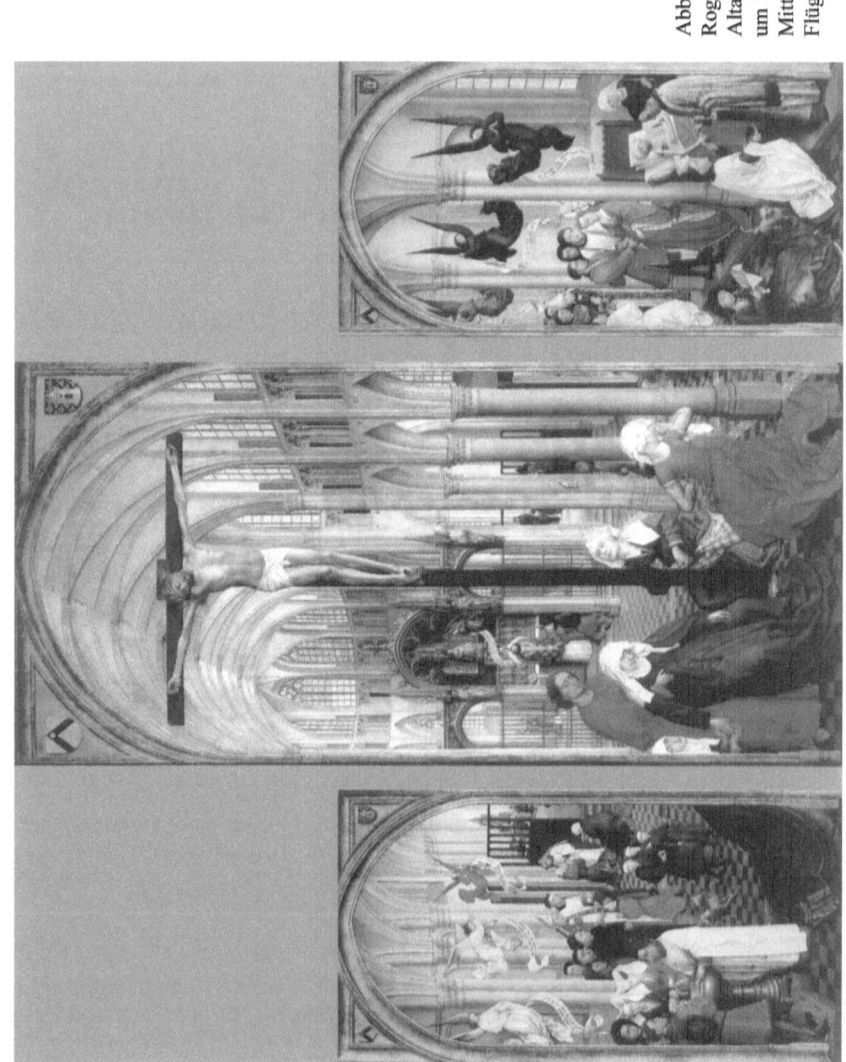

Abb. 21
Rogier van der Weyden:
Altar der Sieben Sakramente,
um 1440–1444, Öl auf Holz,
Mitteltafel 200 x 97 cm, je
Flügel 119 x 63 cm.

Auf der Haupttafel, sehen wir durch einen leicht schrägen Einblick, der an Jan van Eycks „Madonna in der Kirche" (Abb. 12) erinnert, ins Mittelschiff der Kirche. Die Seitenschiffe mit Kapellen sind in den beiden niederen Flügeln ebenfalls schräg gezeigt, alle drei Tafeln haben zudem denselben Fluchtpunkt.[85] Die Wandgliederung des Mittelschiffs ist dreigeschossig: die spitzen Arkaden auf Rundstützen mit polygonalen Sockeln; das gruppierte Reihentriforium aus zwei Lanzetten mit zweibahnigem Maßwerk und die vierbahnigen Obergadenmaßwerkfenster. An den Leibungen der Obergadenfenster und an der Wand des Triforiums befindet sich Fensterlaufgang, weiterhin, sind im Bereich der Bogenzwickel Balkenlöcher zu sehen. Das Gewölbesystem ist ein vierteiliges Kreuzrippengewölbe. Obwohl es dem Gewölbe in van Eycks „Madonna in der Kirche" und in der „Totenmesse" gleicht, wird es im Sakramentaltar vollständig und konsequent von vorne bis zum Schlussstein des Chors rhythmisch dargestellt.

Der Chor und das Langhaus bzw. die Vierung werden durch einen Lettner mit goldenem Maßwerk, Statuen unter gotischen Baldachinen und einem Gitter voneinander getrennt. In der Mitte des Lettners befindet sich der Altar, darüber thront eine Schreinmadonna. Rechts vom Lettner ist der Ansatz eines Querschiffs sichtbar. Am rechten Rand der Mitteltafel ist ein Eingangs/Ausgangs durch einen schmalen Streifen angedeutet, der in die Außenwelt blicken lässt: In der Ferne wird ein Gebäude einer Stadt sichtbar gezeigt, vor der Kirche lehnt sich ein Bettler mit dem Rücken an die Kirchenmauer (Abb. 22). Im Inneren der Kirche kauert ein weiterer Bettler vor der Tür. Dieses Motiv, das eine zeitgenössische soziale Erscheinung beschreibt, wird später in einem anderen Werk Rogier van der Weydens, dem Columba-Altar, wieder auftauchen.

---

[85] Vgl. H. Jantzen (1979), S. 7.

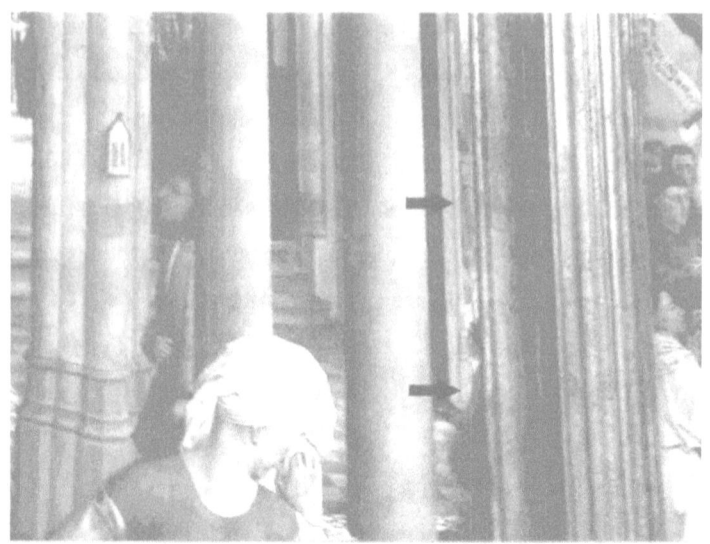

Abb. 22
Rogier van der Weyden:
Altar der Sieben Sakramente, Detail, um 1440–1444, Öl auf Holz,
Mitteltafel 200 x 97 cm.

Die beiden seitlichen Tafeln zeigen Ausschnitte aus den Seitenschiffen, die jeweils drei Kapellen mit Tonnengewölbe und Blendarkaden an den Trennwänden besitzen.[86] Sechs von den sieben Sakramentsszenen sind in diesen Kapellen dargestellt. Taufe, Firmung und Buße erscheinen auf der linken Seite, rechts sind Ordination, Ehe und die Letzte Ölung gezeigt. In der Mitteltafel, an der höchsten und zentralen Stelle im Mittelschiff findet die Eucharistie statt. Über jeder Szene fliegt ein Engel in einer der

---

[86] Nach W. Sauerländer, obwohl es sehr ungewöhnlich sei, dass die Tonnenwölbung sich in einer gotischen Kirche befinde, aber in den zehn Kapellen des ab 1243 errichteten hochgotischen Chores der Kathedrale Notre–Dame in Tournai, fänden sich doch diese Tonnengewölbe. Siehe W. Sauerländer (1994), S. 167.

liturgischen Farben,[87] der ein Schriftband hält, auf dem der jeweils auf die Szene bezogene Text aus der Bibel steht.[88] Von Geburt an bis zum Tod sind die Sieben Sakramente in einem Halbkreis angeordnet. Im Bildvordergrund, in der Achse des gesamten Raums steht eine Kreuzigungsszene, die den Blick weiter zum Altar und damit zur Eucharistie leitet. Die Kreuzigungsgruppe gilt als das Hauptthema des Retabels, an das sich die Gebete der Gläubigen richten. In der Kreuzigungsgruppe überquert die Gestalt der Frau links, die die rechte Hand der Madonna hält, zwei Bildtafeln. Durch diese Figur ist es dem Maler gelungen, die Verbindung zwischen dem wirklichen Raum und dem bildlichen Raum noch einmal zu betonen.

Der Fußboden des Kirchenraums besteht aus schlichten, kleinen, schwarzen und weißen quadratischen Fliesen. Obwohl Rogier van der Weyden in diesem Werk offensichtlich Jan van Eyck zitiert hat, ist die atmosphärische Windung des Lichts und der Farbe anders. Rogier van der Weyden hat seine eigene Darstellungsweise: Das Verhältnis zwischen Figur und Raum ist plausibler, außerdem existiert eine gesteigerte Vertikalität in dem Raum durch die schmalen, steilen Joche, die spitzen Arkaden und das spitze, hohe Gewölbe. Außerdem unterscheidet sich die kalte, taghelle Ausleuchtung von der Atmosphäre des Raums bei Jan van Eyck.

In vielen Werken Rogier van der Weydens erscheint diese kalte, taghelle Stimmung, wie zum Beispiel in dem Columba-Altar.

---

[87] Siehe S. N. Blum (1977), S. 111: „Moreover the angels are dressed in different liturgical colors further suggesting the cycle of the Christian calendar and the parallel progress of man's life from Baptism through Extreme unction."
[88] Zur vollständigen Übersetzung der Inschriften siehe D. De Vos (1999), S. 220f.

2.2. Columba-Altar (um 1450–1455) (Abb. 9 und Abb. 10)

„Da hab ich nun in meinem Leben viele Verse gemacht, darunter sind ein paar gute und viele mittelmäßige, da macht der Eyck [in der Tat van der Weyden] ein solches Bild, das mehr wert ist, als alles, was ich gemacht habe."[89] So äußerte sich Johann Wolfgang von Goethe, als er 1814 in Heidelberg dem heute Rogier van der Weyden zugeschriebenen Columba-Altar bewunderte beeindruckt begegnete.

Das seit 1836 in der Alten Pinakothek in München ausgestellte Triptychon „Columba-Altar" wurde 1827 als Teil der Sammlung der Brüder Boisserée von König Ludwig I. von Bayern angekauft. Bevor Sulpiz und Melchior Boisserée 1808 den Altar noch als Werk Jan van Eycks erwarben, befand er sich vermutlich seit seiner Entstehung immer in einer von der Familie von Wasserfass gestifteten Kapelle in der Kölner Pfarrkirche St. Columba.[90] Der heute bereits allgemein anerkannten Datierung von Markham Schulz auf 1450 bis 1455,[91] wiederspricht Châtelet, der die Entstehung in das Jahr 1460 legt.[92]

Das Bildprogramm des Altars vereint sich drei zeitlich aufeinanderfolgende Szenen: Der linke Flügel zeigt die Verkündigung Marias, die Mitteltafel stellt die Anbetung der Könige dar und der rechte Flügel beinhaltet die Darbringung im Tempel. Wie in dem Altar der Sieben Sakramente wird in den drei Tafeln den Eindruck von räumlicher Einheit geschaffen: Die

---

[89] Goethes Bemerkung über den Columba–Altar wurde von Wilhem Grimm wiedergegeben, hier zitiert nach K. Arndt, Columba–Altar (1962), S. 31.
[90] Mehr zur Entstehungs– und Aufbewahrungsgeschichte des Werks siehe H. Beenken (1951), S. 84; auch K. Arndt (1962), S. 21ff. und Belting/Kruse (1994), S. 190f.
[91] Siehe die Argumentation von Anne Markham Schulz in dem Aufsatz „The Columba Altarpiece and Roger van der Weyden's stylistic Development", A. Markham Schulz (1971) sowie Belting/Kruse (1994), S. 191.
[92] Siehe A. Châtelet (1999), S. 197f.

Außenansicht des Tempels aus der Darbringungsszene im rechten Flügel wird an der rechten Ecke der Mitteltafel gezeigt, und in der Verkündigungsszene scheint Maria vor einem Fenster mit Blick auf die Szene der Anbetung der Könige zu sitzen.[93] Die drei Bilder sind einheitlich komponiert: Alle Hauptfiguren befinden sich im Vordergrund und erwecken damit den Eindruck eines horizontalen Frieses, im Hintergrund sind die Architektur und Landschaft zu sehen (außer auf dem linken Flügel). Die Fluchtlinien in den beiden Flügeln sind nach rechts, bzw. nach links verschoben, um eine symmetrisch Tiefenwirkung in der Mitte des Altars zu erwirken.

Obwohl der gesamte Altar sehr bedeutend ist – besonders die Darstellung der Anbetung der Könige wurde von Rogiers Zeitgenossen oft zum Vorbild genommen – beschäftigen sich die nächsten Abschnitte vor allem mit dem rechten Flügel des Triptychons, da dieser für das Thema der Arbeit, die Darstellung des Kircheraums, relevant ist. Auf dem rechten Flügel (Abb. 10) sehen wir die Darbringung im Tempel, die im Innenraum einer Kirche/eines Tempels stattfindet. Mit Hilfe der Darstellung eines durch Treppenstufen erhöhten Altars, ist es Rogier van der Weyden gelungen, die Figuren raffiniert in unterschiedlichen Tiefenschichten anzuordnen. Diese Anordnung sowie das Verhältnis zwischen Hauptfiguren, Nebenfiguren und Raum erinnern an Rogiers „Johannes-Altar" in Berlin (Abb. 20) und Jan van Eycks Buchmalerei „Geburt Johannes des Täufers" in „Turin-Mailänder Stundenbuch" (Abb. 19). Die auffallende Gestalt der Dienerin in grün, die ihren Kopf nach rechts dreht und aus dem Bild heraus die Betrachter anblickt, – „fremdartig für den gotischen Geschmack", so

---

[93] Vgl. D. De Vos (1999), S. 284, Anm. 3.

Panofsky – zeigt die Anlehnung an italienische Kunst.[94] Markham Schulz verweist hingegen auf eine Figur auf dem linken Flügel in dem vom Stefan Lochner gemalten „Altar der Stadtpatrone" (Abb. 23), dessen Mitteltafel auch die Anbetung der Könige darstellt. Nach Markham Schulz ist die Gestalt der Frau neben der Hl. Ursula, die das grüne Gewand trägt und im „profil perdu" gezeigt ist, mit der Geste der Dienerin in Rogiers Bild identisch.[95] Außerdem gibt die Autorin den Hinweis, dass sich die dargestellte Architektur in Rogiers Darbringung höchstwahrscheinlich an die Pietro Lorenzettis „Geburt der Jungfrau" (Abb. 15) anlehne.[96] In dem linken Teil dieses Gemäldes befindet sich ein Vorraum, der sich zu einem hohen Innenhof hinöffnet – eine ähnliche räumliche Lösung existiert auch in Rogiers Darbringung Christi.

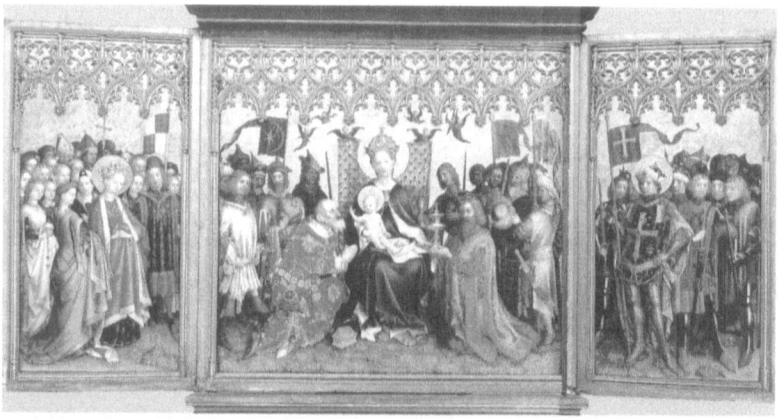

Abb. 23
Stefan Lochner: Altar der Stadtpatrone, um 1440–1450, Mischtechnik auf Eichenholz, Mitteltafel 260 x 285 cm, Flügel je 261 x 142 cm.

---

[94] Siehe E. Panofsky (1953), S. 288: „Figures thus looking out of the picture were as foreign to the Gothic taste as they were popular in Italy."; vgl. auch D. C. Shorr (1946), S. 31.
[95] Siehe A. Markham Schulz, (1971), S. 68; auf Seite 69 vermutet Markham Schulz, dass Rogier van der Weyden den Altar der Stadtpatrone auf seiner Reise nach Italien um 1450 in Köln hatte sehen können.
[96] A. Markham Schulz, (1971), S. 69f.

Die Architektur in Rogiers Darbringungsszene zeigt einen Zentralbau, erweitert durch einen einschiffigen Langbau, der wie ein Vorraum wirkt. Werner Körte hat versucht einen Grundriss für das Gebäude zu rekonstruieren (Abb. 24), in dem der Zentralbau oktogonal ist.[97] Der Altar, an dem sich die Darbringung abspielt, befindet sich in dem Vorraum, dessen rechte Seite durch zwei Arkaden nach außen geöffnet ist. Die Wandgliederung hier ist zweigeschossig: Die hohen Arkaden im unteren Geschoss sind rundbogig und von Rundsäulen mit Knospenkapitellen getragen. Getrennt von einem Gesims mit Knospenkranz erscheint der Obergaden, der aus gekuppelten Zwillingsfenstern mit Überfangbogen besteht. Anders als in dem dahinter liegenden Zentralbau besitzt der Vorraum eine flache Holzdecke.

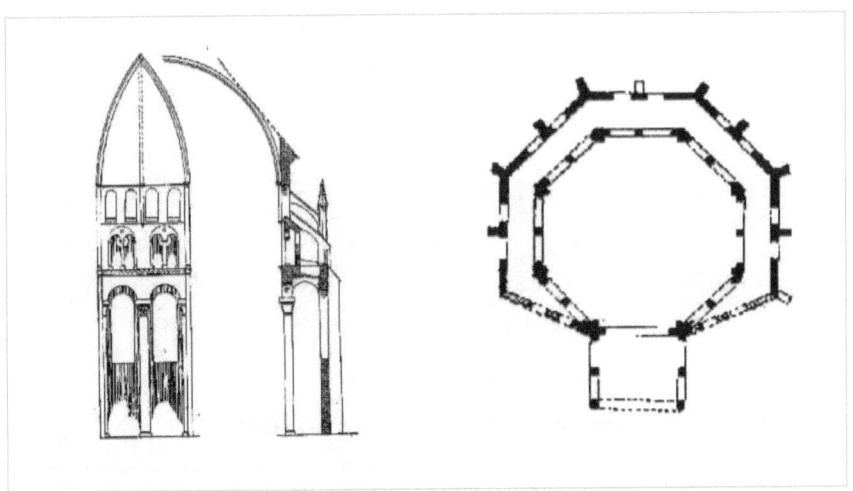

Abb. 24
Rogier van der Weyden, Columba–Altar (Abb. 9 und 10), Aufriß und Grundriß nach Werner Körte, "Die Wiederaufnahme romanischer Bauformen".

---

[97] Siehe W. Körte (1930), S. 30 und S. 106, Abb. 12.

Durch einen Flachbogen blicken wir in den helleren und höheren oktogonalen Zentralbau. Der Raum besitzt einen dreigeschossigen Aufbau und ist von einer Kuppel bedeckt. Das Stützensystem des Arkadengeschosses entspricht dem des Vorraums, allerdings befindet sich hier noch ein dahinter liegender Umgang, der mit Rundbogenfenstern mit Glasmalerei ausgestattet ist. Nach dem rekonstruierten Grundriss von Werner Körte ist dieser Umgang jedoch nicht konsequent durchgeführt, er läuft am Ansatz des Raums zusammen (Abb. 24).[98]

Über dem Gesims befindet sich ein dem Vorraum entsprechendes Triforium mit gekuppelten Rundbogenfenstern. Der Obergaden besteht aus schlichten Rundbogenfenstern. An der Wand verlaufen die vom Boden bis ins Dach durchgehenden Wandvorlagen und zwei kurze Dienste auf Konsolen im Obergadengeschoss.[99]

Im linken Bildhintergrund ist ein direkt in den Zentralbau führender Eingang mit zwei Rundbogentüren zu sehen. Von außen wird dieses Portal von einem Dreiecksgiebel bekrönt.[100] Durch den Eingang wird eine Stadt in der Ferne sichtbar. An eine der Umgangssäulen nahe des Eingangs lehnt sich ein Bettler mit Krücke, ein weiterer Bettler sitzt draußen vor dem Portal. Ein Mann in rotem Gewand betritt die Kirche und greift in seinen Geldbeutel. Solche Darstellungen des Alltags tauchten bereits im Altar der Sieben Sakramente auf, Alfred Acres weist darauf hin, dass diese Darstellungen nicht nur das Lokalkolorit zeigen, sondern auch eine symbolische Bedeutung enthalten: „Thus poised on thresholds between interior and exterior, foreground and distance, image and frame, waiting

---

[98] W. Körte (1930), S. 30 und S. 106, Abb. 12.
[99] Solche Wanddienste auf Konsolen erinnern an Bauelemente der Zisterzienser, vgl. ibid., S. 31.
[100] Das sollte ein gotischer Wimperg sein. Vgl. ibid., S. 30.

and receiving, the Columba beggar may also stand between sacred history and contemporary times, as a figure equally associative with the Gospels and the present."[101]

Obwohl der Architekturstil des Innenraums stark romanisch geprägt ist, sind die Bauformen der Außenansicht auf der Mitteltafel gotisch, insbesondere die Strebebogen und Strebepfeiler mit den Baldachinfiguren[102] unter den Tabernakeln.

Das Werk Rogiers van der Weyden hatte zu seinen Lebzeiten großen Einfluss, Szenen und Figuren des Columba-Altars waren immer wieder „zitiert" worden. Hans Memling war als Schüler von Rogier ein Künstler, der stark von Rogiers Stil beeinflusst wurde.

2. Œuvre Hans Memlings

Hans Memling gehört, als Schüler Rogiers van der Weyden,[103] zu der dritten Generation der altniederländischen Maler. Memling ist deutscher Herkunft, geboren wurde er vor 1440 in Seligenstadt am Main,[104]

---

[101] Siehe A. Acres (1998), S. 443.
[102] Dargestellt sind Moses und David sowie eine dritte alttestamentarische Figur, vermutlich ein Prophet. Siehe D. De Vos (1999), S. 280.
[103] Außer der Bezeichnung Hans Memlings als Lehrling von Rogier von Vasari, gibt es noch andere Hinweise auf diese Beziehung zwischen den beiden Meistern, wie z. B. die sich an Rogiers Œuvre anlehnenden Kompositionen, Motive und Figuren etc. in Memlings Werken. Außerdem hat M. W. Ainsworth durch Materialuntersuchungen nachgewiesen, dass der Unterzeichnungsstil des jungen Memling sich sehr eng an den Stil Rogiers anlehnt. Siehe Hilde Lobelle–Caluwé, „Hans Memling", in: „Memling und seine Zeit", Kat. Ausst. Brügge, Stuttgart 1998, S. 67f.
[104] Siehe D. De Vos (1994), S. 15; Nach der Meinung Friedländers fällt Memlings Geburtsjahr in die Zeit um 1433, (M. Fredländer, (1928), Bd. VI. S. 14), Belting und Kruse vertreten dieselbe Meinung (Belting, Hans/Kruse, Christiane, (1994), S. 243).

vermutlich ist er entlang des Mains und Rheins nordwärts gezogen. Ab 1465 ist er in Brügge nachweisbar, wo er in demselben Jahr sein Bürgerrecht erhielt.[105] Als Memling dort 1494 starb, war er bereits ein sehr bedeutender Maler. Für das Sint-Janshospitaal in Brügge schuf er z. B. vier Werke, die weiterhin im Hospital aufbewahrt werden und eine entscheidende Rolle für die Wiederentdeckung der flämischen Meister im 19. Jahrhundert spielten, die den romantischen Enthusiasmus entzündete.

Die Bewertung von Memlings Œuvre durch Kunsthistoriker polarisiert sich im 20. Jahrhundert. Max Friedländer vergleicht den Künstler mit van Eyck und van der Weyden und behauptet: „Memling ist weder ein Entdecker wie van Eyck, noch ein Erfinder wie Rogier. Ihm fehlt die Leidenschaft des Schauens und der Fanatismus des Glaubens. Als Stoff betrachtet, ist er bei weitem nicht so dicht wie van Eyck und nicht so hart wie Rogier. Viele Negationen hatte ich zu verwenden, um ihn zu schildern."[106] Dagegen spricht Ludwig von Baldass ein Lob für Memling aus: „Hans Memling ist der große Erbe der altniederländischen Malerei. Was die Brüder van Eyck, was der Meister von Flémalle und Rogier van der Weyden, was Dirk Bouts und Hugo van der Goes geschaffen haben, es spiegelt sich alles mittel- oder unmittelbar in seinen Werken wieder. Sie sind lieblicher und heiterer als die seiner Vorgänger und frei von jeder Problematik, sie geben uns keine Rätsel auf, sie sind einfach da, um in ihrer Pracht und Anmut bewundert zu werden."[107]

Außer diesen beiden gegensätzlichen Meinungen sollte vielleicht noch eine „eklektischere" Ansicht hinzufügt werden, die von Georges Hulin de Loo

---

[105] Mehr zu den biographischen Angaben siehe D. De Vos (1994), S. 15 sowie E. Panofsky (1953), S. 347.
[106] M. Friedländer (1928), S. 55.
[107] L. v. Baldass (1942), S. 5.

1928 geäußerte Meinung zu einem damals unklar, heute aber allgemein Memling zugeschriebenen Werk: „If we suppose our triptych to be the work of an eclectic imitator, we are obliged to admit that he had under his eyes the St. Columba altar-piece, and had copied motives from several then widely separated pictures by Rogier van der Weyden, often using only a paltry detail, and that on the other hand he was very familiar with Memlinc's types and technique [...]"[108]

Eine Tafel des Triptychons, das Hulin de Loo erwähnt, ist das heute in Washington, National Gallery, befindliche Gemälde „Darbringung".

3.1. Darbringung (um 1463) (Abb. 25)

Die Tafel „Darbringung" befindet sich seit 1955 in der National Gallery of Art, Washington, zuvor gehörte sie zu der Sammlung der Galerie Czernin in Wien. Die Zuschreibung der Tafel ist umstritten: Obwohl allgemein angenommen wird, dass sie ein Werk des jungen Hans Memling ist,[109] verweist Martha Wolff auf einen anderen Maler, den sie „Meister der Anbetung im Prado" nennt.[110]

Das ganze Bild zeigt eine starke Anlehnung an Rogier van der Weydens Columba-Altar. Hulin de Loo betrachtet das Bild als ein sehr frühes Werk

---

[108] G. Hulin de Loo (1928), S. 171.
[109] Die Vertreter dieser Meinung sind G. Hulin de Loo (1928, S. 160–177), M. Friedländer (1928, Bd. VI., S. 19 und 1967, Bd. VI. Nr. 85), E. Panofsky (1953, S. 349f.), John Walker (1964, S. 100), Martin Davies (1972, S. 91f.) u. a.
[110] Nach ihrer Meinung wurde dieser Maler von Rogier van der Weyden und Memling beeinflusst, da dessen Malweise schwerfälliger sei zeige die Darbringung keine Gemeinsamkeiten mit Memling. Siehe dazu M. Wolff (1986), S. 155–159.

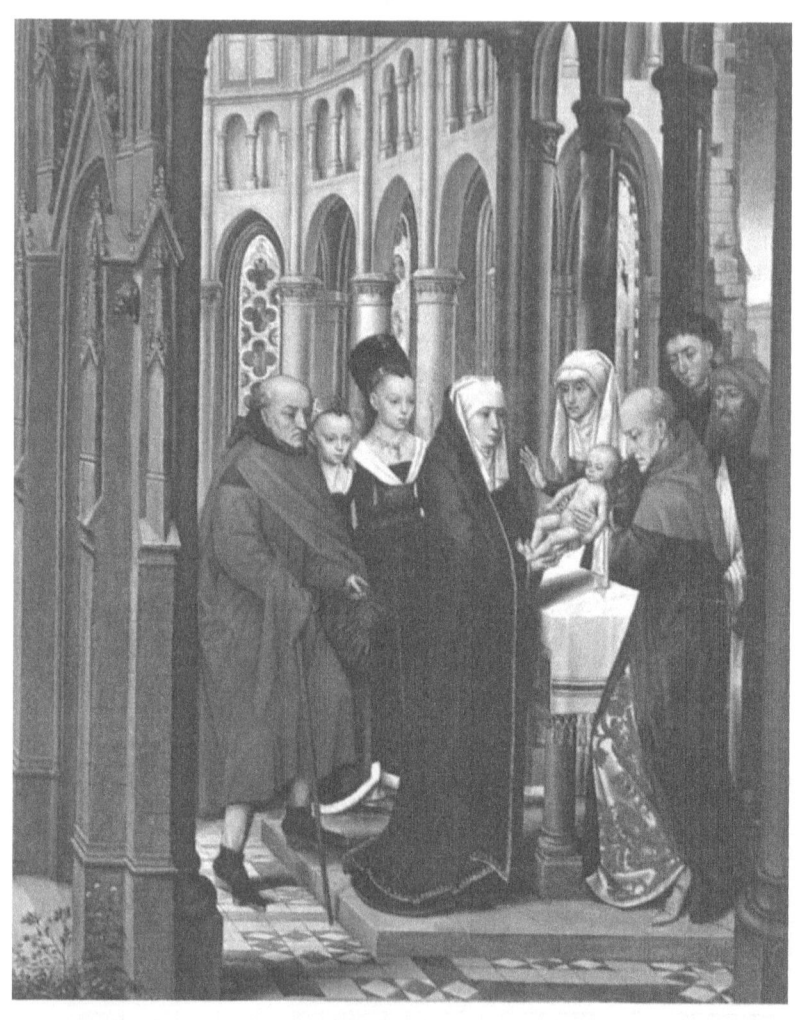

Abb. 25
Hans Memling:
Darbringung, um 1463, Öl auf Holz, 59,8 x 48,3 cm.

Hans Memlings, das ursprünglich zu einem leicht tragbaren Triptychon gehörte und zu der Zeit entstand, als Memling noch in der Werkstatt Rogier van der Weydens arbeitete.[111] Hulin de Loo verweist auf die Darstellung der beiden Mädchen hinter Maria und behauptet, dass nach der Malweise, diese beiden Auftraggeberfiguren von van der Weyden selbst gemalt wurden. Sie seien also ein Zusatz von Rogier zu dem Bild seines Schülers.[112]

Die gesamte Komposition und die Architektur im Bild zeigen eine eindeutige Verwandtschaft mit dem Columba-Altar (Abb. 10). Wie bei diesem Werk, findet die Darbringungsszene auch hier auf einem erhöhten Altar in dem vorderen Schiff einer Kirche statt. Die Figurengruppe ist durch die Stufe in unterschiedliche Tiefenschichten angeordnet. Auch die Öffnung der rechten Seite dieses Vorraums nach draußen entspricht dem Columba-Altar. Durch diese Öffnung der Arkaden sehen wir ins Freie und auf den unvollendeten Chorumgang. Die Arkaden in dem Vorraum sind sehr hoch, so dass der Schlussstein der Arkadenbogen fast die Decke erreicht. Die Schäfte der schmalen Säulen im Vorraum sind aus Marmor, nur die letzte Säule, die an den Chor anschließt, besteht aus normalen Stein. Der Boden ist mit kostbaren Fliesen bedeckt, das gleiche Motiv des Fliesenbodens ist in Rogier van der Weydens „Verkündigung" im Louvre zu sehen (Abb. 26).

---

[111] Siehe G. Hulin de Loo (1928), S. 177, die Schlussfolgerung; zur Funktion und Form des „'portable' triptych" siehe S. 160.
[112] Ibid., S. 170ff.

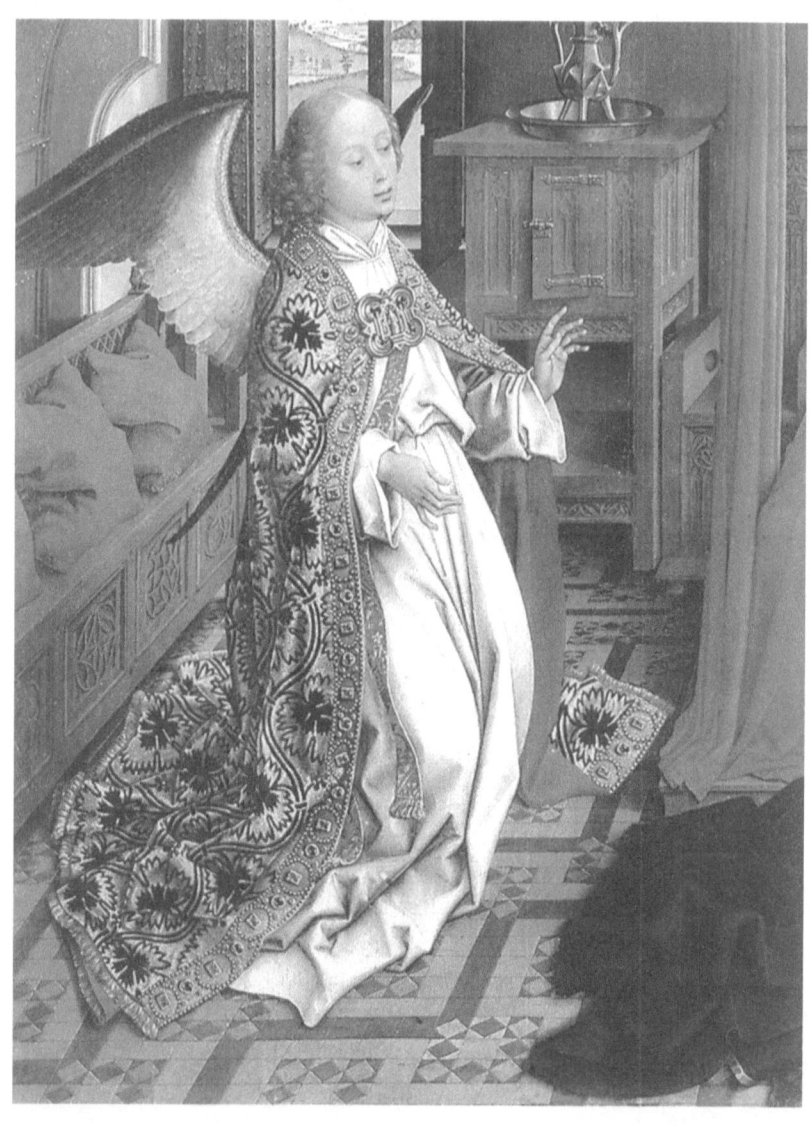

Abb. 26
Rogier van der Weyden:
Verkündigung, Detail, um 1440, Öl auf Holz, Mitteltafel 86 x 93 cm.

Der helle Chorraum ist dreigeschossig aufgebaut: Arkadengeschoss, Triforium und Obergadenfenster. Die Wandgliederung entspricht der des „Columba-Altars" (Abb.10), nur die Decke ist hier nicht sichtbar. Die Arkaden werden von dicken Rundsäulen mit Knospenkapitell gestützt, unmittelbar an das Kapitell schließt die dünne Wandvorlage an, die bis zum Obergaden reicht. Einer der Arkadenbogen (der hinter Josef) ist eindeutig gotisch gespitzt, durch diesen blicken wir auf ein Fenster mit Glasmalerei im Vierpassrahmen. Da das Motiv des bemalten Fensters der Sündenfall des Menschen ist (Abb. 27) und die Darbringungsszene im Vordergrund sich auf die Erlösung des Menschen bezieht, vermutet John Walker, dass der Künstler hier in einer einzigen Szene einige der Grundprinzipien des Christentums symbolisch wiedergebe.[113]

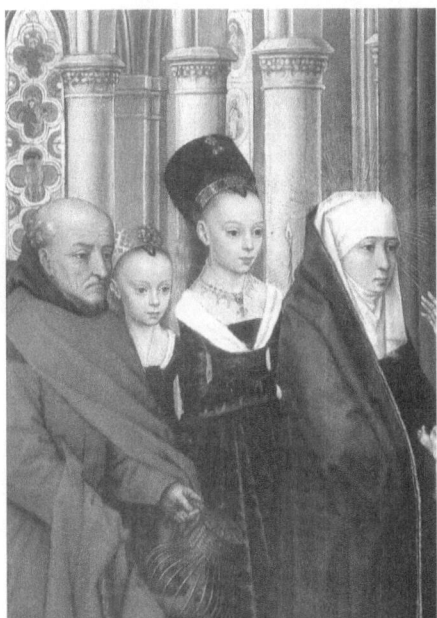

Abb. 27
Hans Memling:
Darbringung, Detail,
um 1463, Öl auf Holz.

---

[113] Siehe J. Walker (1964), S. 100.

Diese symbolische Darstellung präsentiert auch der Architekturstil. Wie die Kirche im „Columba-Altar" (Abb. 9), zeigt auch diese Kirche in Memlings Werk innen romanische und außen gotische Formen. Auf der linken Seite der Tafel ist ein typisches gotisches Portal mit Wimperg und Tabernakeln zu sehen. Einen solchen Wechsel im architektonischen Stil interpretiert John Walker, als symbolischen Übergang von der alten zur neuen Ordnung, die durch die Inkarnation Christi bewirkt wurde.[114]

Diese Tafel ist nur der Flügel eines Triptychons, dessen ganzes Bildprogramm vermutlich Memlings Triptychon mit der Anbetung der Könige im Prado entspricht.

3.2. Dreikönigsaltar im Prado (um 1470) (Abb. 28 und Abb. 29)

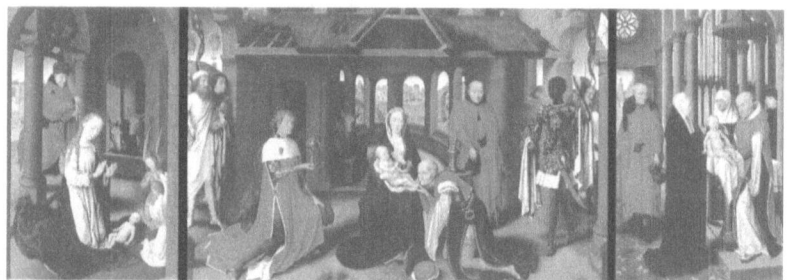

Abb. 28
Hans Memling:
Dreikönigsaltar, um 1470, Öl auf Holz, Mitteltafel 96,4 x 147 cm, je Flügel 96,4 x 63,5 cm.

Der „Dreikönigsaltar" aus dem Prado stammt aus dem „Oratorio de Carlos V.", aus einem Schloß bei Aranjuez.[115] Da er zur ehemaligen Sammlung Karls V. gehörte, wird der Altar auch als „Triptychon von Karl V."

---

[114] Siehe J. Walker (1964), S. 100.
[115] Vgl. L. v. Baldass (1942), S. 39.

bezeichnet. Das Bildprogramm des Triptychons zeigt drei Szenen aus der Jugend Christi. Die Mitteltafel stellt die Anbetung der Könige, der linke Flügel die Geburt Christi und der rechte die Darbringung im Tempel dar. Wieder zeigt sich deutlich die starke Beeinflussung von Rogier van der Weyden. Die Mitteltafel und der rechte Flügel lehnen sich an den „Columba-Altar" (Abb. 9) an – besonders die zentrale Gruppe auf der Mitteltafel ist fast eine Kopie. Der linke Flügel ist nach dem Vorbild der Mitteltafel von Rogiers „Bladelin-Triptychon" (Abb. 30) entstanden. Wie die Tafel in Washington (Abb. 25) basiert auch die Darbringungsszene auf dem rechten Flügel, offenkundig auf dem rechten Flügel des „Columba-Altars" (Abb. 9), dieses Mal hat Memling jedoch die Komposition erneuert. Der Raum, in dem die Darbringungsszene zusammen stattfindet, ist stark ausschnitthaft dargestellt. Die Figurengruppe befindet sich hauptsächlich im Vordergrund, und wie bei dem Columba-Altar (Abb. 9) wird durch die Stufe und den Altartisch in verschiedenen Tiefenschichten angeordnet. Der Boden ist wie bei der „Darbringung" in Washington (Abb. 25), durch Fliesen mit einem geometrischen Motiv dekoriert.

Der Raum erscheint dreischiffig. Die von den dünnen Säulen unterstützten Arkaden liegen so hoch, dass sie fast nicht mehr zu sehen sind. Die Formen der Arkadenbogen sind uneinheitlich: Während der einzig sichtbare Bogen der linken Säulenreihe rund ist, weist die mittlere Arkade der rechten Reihe einen leicht Spitzbogen auf. Auch das Größenverhältnis der beiden Säulenreihen ist problematisch, die Säulen in der rechten Reihe sind auffallend dünner als die in der linken Reihe. Außerdem ändert sich die Breite des Mittelschiffs an der Stelle des Altars, die linke Säulenreihe wird von der Gestalt der Maria unterbrochen und nicht mehr fortgesetzt.

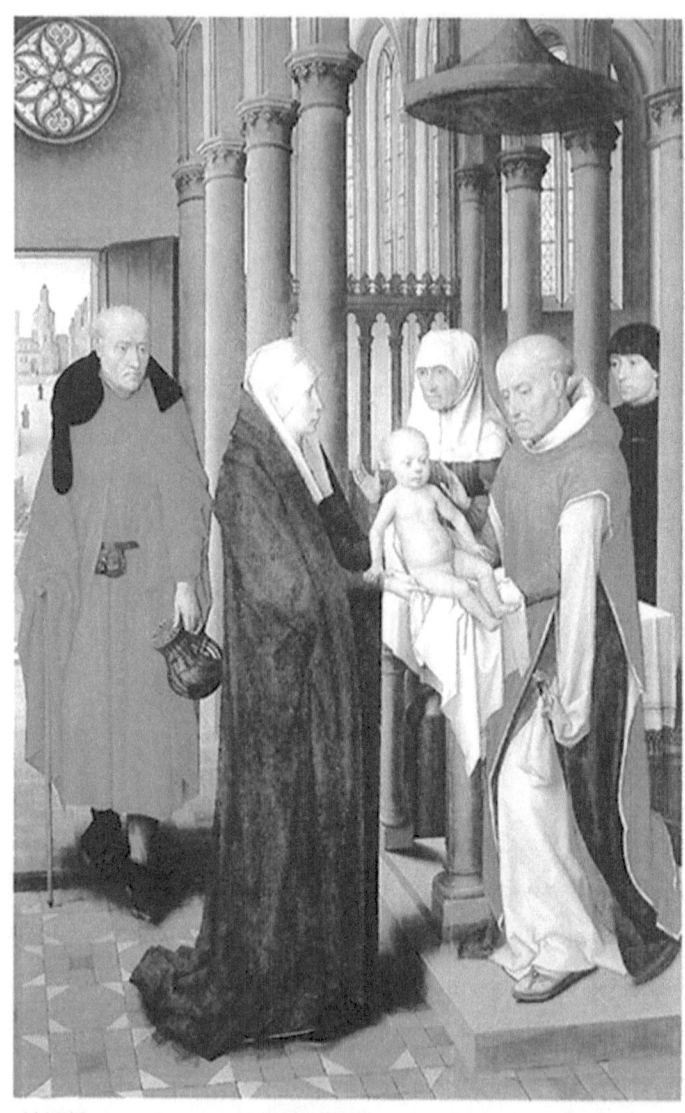

Abb. 29
Hans Memling:
Dreikönigsaltar, rechter Flügel, um 1470, Öl auf Holz, 96,4 x 63,5 cm.

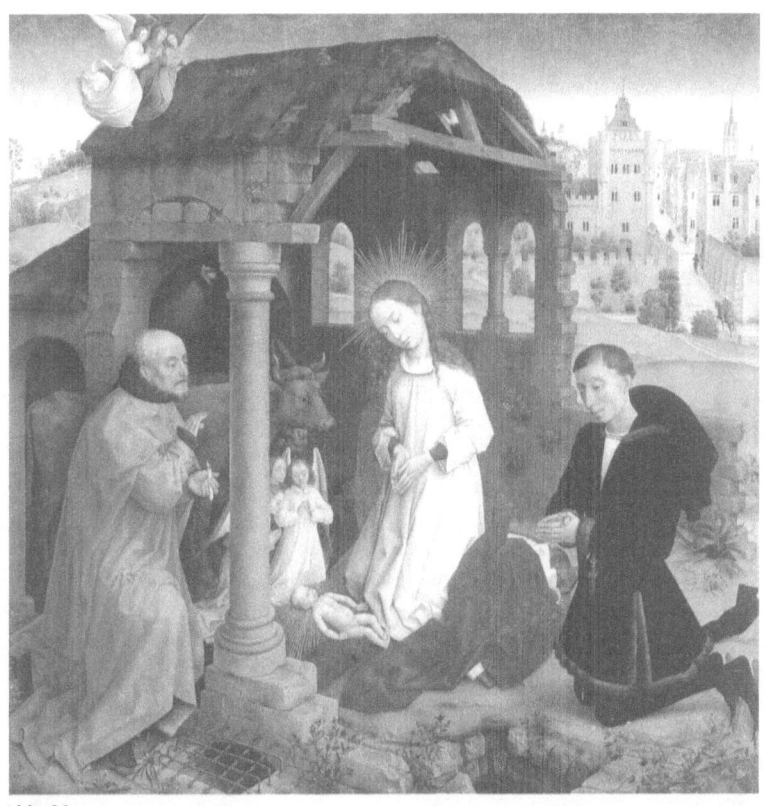

Abb. 30
Rogier van der Weyden:
Bladelin–Triptychon (Middelburger Altar), Mitteltafel, um 1445–50, Öl auf Holz, 91 x 89 cm.

Im rechten Bildhintergrund blicken wir hinter einer Lettnerartigen Scheidewand mit Maßwerk in einen durch Lanzettfenster hell erleuchteten Raum. Dort ist die Wandgliederung nicht sichtbar. Links, direkt hinter dem Hl. Josef ist eine Öffnung nach draußen zu sehen. Über dieser Tür befindet sich ein Rosettenfenster, das die Heilige Jungfrau Maria symbolisieren soll und eine Variante des Fensters auf dem linken Flügel des Columba-Altars (Abb. 9) darstellt.[116] Durch die Tür wird der Blick in eine Stadt frei. Dort

---

[116] Vgl. V. J. Hull (1981), S. 118 und S. 139, Anm. 70.

sind einige Fußgänger sowie massive Gebäude und ein hoher Turm in der Ferne deutlich zu erkennen.

Die Farbigkeit der Architektur ist einheitlich und erzeugt den Eindruck von Schlichtheit. Die Vertikalität des Kirchenraums wird durch die dünnen Säulen und die schlanken Figuren hervorgehoben. Im Vergleich mit den besprochenen Werken Jan van Eycks und Rogier van der Weydens ist dieser Raum nicht so detailrealistisch dargestellt. Die Innenraumdarstellung scheint hier nur als einfache Kulisse für die biblische Szene zu dienen. Entsprechend beschreibt Erwin Mitsch den Raum im Bild: „Die Architektur dient zu allererst der Bildkomposition und wird zu deren Ausdrucksträger. Damit tritt der Raum als solcher wieder in den Hintergrund und das architektonische Einzelmotiv wird entscheidend."[117]

Über die Verwendung des Raumausschnittes in Memlings Werk erklärt Werner Körte, dass Memling mit „diesem neuen Ideal des willkürlichen Raumausschnittes" die Möglichkeit hatte, die Gestalten verhältnismäßig groß zeigen zu können.[118]

In Memlings Triptychon für Jan Florein erscheint ebenfalls die Verwendung des „willkürlichen Raumausschnittes".

---

[117] E. Mitsch (1958), S. 171.
[118] Siehe W. Körte (1930), S. 33.

3.3. Jan Floreins-Altar (1479) (Abb. 31 und Abb. 32)

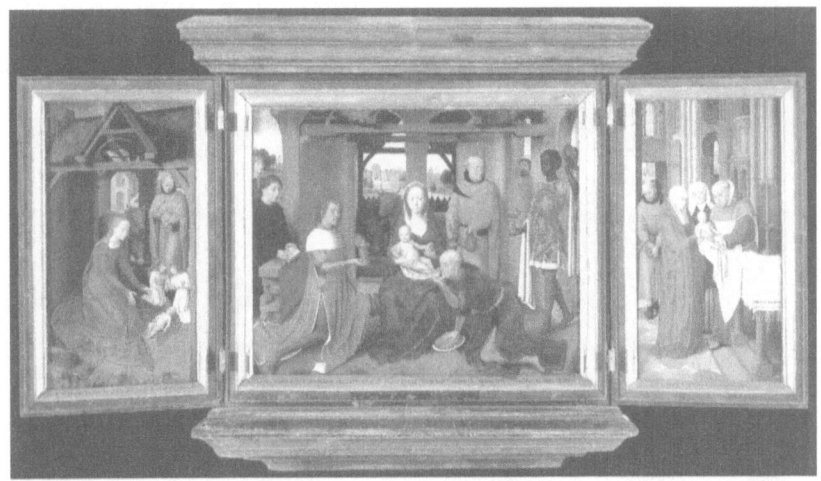

Abb. 31
Hans Memling:
Jan Floreins-Altar, 1479, Öl auf Holz, Mitteltafel 46,3 x 57,4 cm (Ohne Rahmen),
je Flügel 48 x 25 cm (Ohne Rahmen).

Der im Jahr 1479 angefertigte und heute nach dem Auftraggeber benannte „Jan Floreins-Altar" (Abb. 31) gehört zu den einzigen zwei Werken, die Hans Memling signiert und datiert hat.[119] Vermutlich war das Triptychon für eine Seitenkapelle des Sint-Janshospitaal in Brügge bestimmt. Seit seiner Entstehung wird es in dem Hospital aufbewahrt,[120] in dem sich heute das „Memlingmuseum" befindet.

In kleinerem Format zeigt das Triptychon dieselben Szene wie der Dreikönigsaltar (Abb. 28) im Prado: die Geburt Christi, die Anbetung der

---

[119] Das andere Werk ist der Johannes–Altars, ebenfalls im Memlingmuseum, Brügge aufbewahrt.
[120] Vgl. Belting/Kruse (1994), S. 254, und H. Lobelle–Caluwé (o. J.), S. 10.

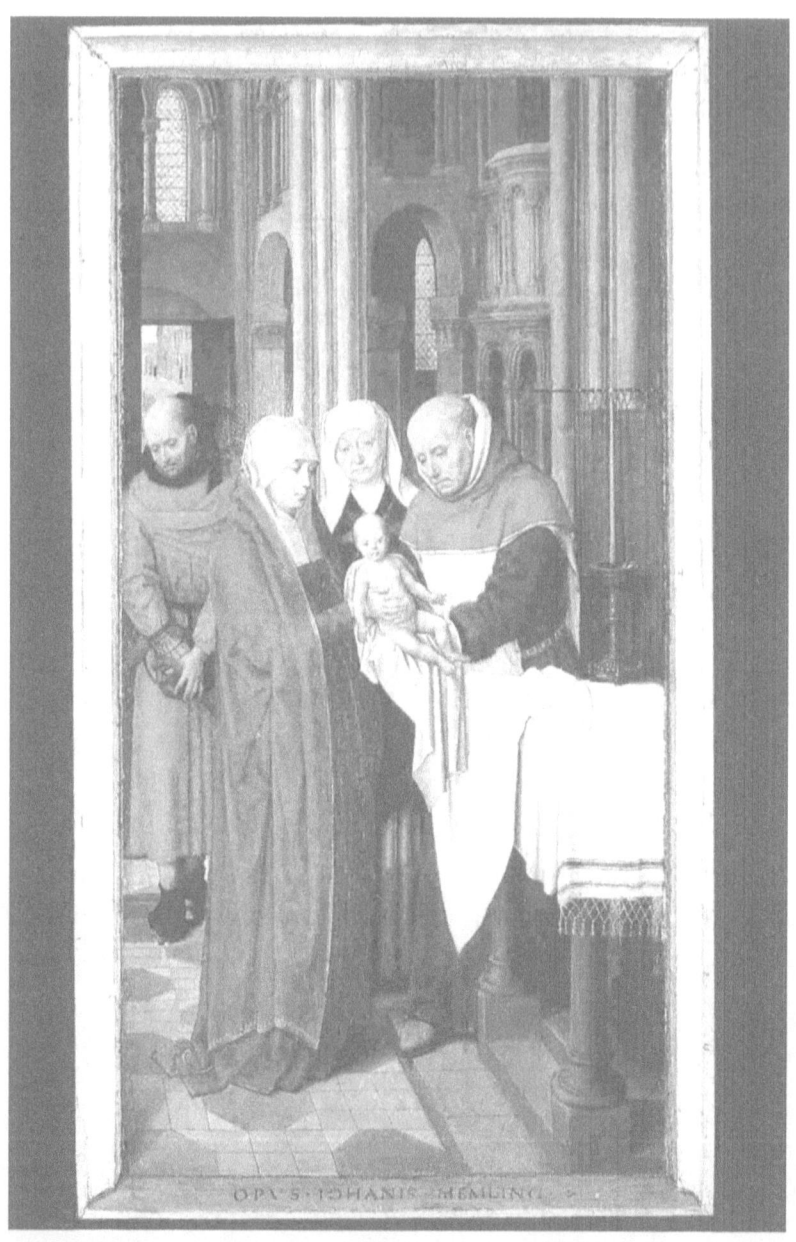

Abb. 32
Hans Memling:
Jan Floreins–Altar, 1479, Öl auf Holz, Mitteltafel 46,3 x 57,4 cm
(Ohne Rahmen), je Flügel 48 x 25 cm (Ohne Rahmen).

Könige und die Darbringung im Tempel. Noch immer schließt das Werk an Rogier van der Weydens Bladelin-Triptychon (Abb. 30) und den Columba-Altar (Abb. 9) an. Obwohl der „Jan Floreins-Altar" wie eine „Kopie" des „Dreikönigsaltars" im Prado (Abb. 28) erscheint, hat Memling doch die Darstellungsweise „modernisiert" und verbessert. Dies ist im rechten Flügel des „Jan Floreins-Altars" (Abb. 32) zu sehen.

Wie beim „Dreikönigsaltar" (Abb. 29), betrachten wir den Raum aus einem leicht nach links verschobenen Blickwinkel. Memling zeigt hier nun keine Figur mehr, die nicht zu der biblischen Darbringungsszene gehört. Maria, Hanna und Simeon umgeben das Christuskind, Josef steht ein paar Schritte hinter Maria – durch diese Komposition konzentriert sich das ganze Bildgeschehen auf das Christuskind besser. Die Architekturdarstellung ist ausgefeilter als in dem Dreikönigsaltar im Prado, das Größenverhältnis zwischen den architektonischen Elementen ist einheitlich, auch die auffällige Unterbrechung der linken Säulenreihe beim „Dreikönigsaltar" (Abb. 29), taucht hier nicht mehr auf.

Die Darbringungsszene findet im Querhaus einer romanischen Kirche statt. Der Blick des Betrachters ist auf das Nordportal des Querschiffs gerichtet.[121] Wieder verwendete Memling die Komposition des „Raumausschnittes", um die Kirche darzustellen, die ganze Wandgliederung ist auch hier nicht sichtbar. Rechts im Bild, hinter dem Altartisch und der darauf stehenden Kerze,[122] sehen wir das untere Teil

---

[121] Nach der Forschung von Jan Karel Steppe ist die Darbringung beim „Jan Floreins-Altar" an der Südseite der Vierung der ehemaligen Kathedrale St. Donatian in Brügge situiert. Diese Kirche wurde 1799 zerstört. Siehe Belting/Kruse (1994), S. 254, und D. De Vos (1994), S. 158.
[122] Ikonographisch symbolisiert die brennende Kerze Inkarnation, siehe J. Sauer (1924), S. 187.

eines Bündelpfeilers, dessen alte und junge Dienste deutlich gezeigt werden.

Links dahinter erscheint eine Kanzel, die zur Hälfte von dem Pfeiler verdeckt wird. Die Kanzel ist mit Blendarkaden mit Dreipassmaßwerk geschmückt und wird von schmalen kreisförmig angeordneten Arkaden gestützt. Links an die Kanzel schließt der Chorumgang an, dessen erste Joche relativ eng im Verhältnis zu den recht massiven Pfeilern und Kämpfern erscheinen. Die Kapitelle besitzen eine Reihe von knospenartigen Ornamenten. Das Obergeschoss besteht aus Arkadenreihen, die von dünnen Säulchen gestützt werden. Der Stil dieser Säulen zeigt deutliche Anklänge an die Arkadenpfeiler des Erdgeschoss', die auch massive Kämpfer und Knospenkapitelle besitzen, und an die Stützen des Altartisches – beide besitzen Würfelsockel und eine Rundbasis. Der Fußboden ist auch in diesem Raum, wie in den beiden anderen Darbringungstafeln, von kostbaren Fliesen bedeckt.

Ein großer Teil des Ausgangs im linken Bildhintergrund wird von der Gestalt Josefs verdeckt. Dennoch können wir durch die Öffnung die Gebäude einer Stadt erkennen.

V. Ergebnisse der Untersuchung:

1. Perspektive und Komposition:

1.1. Perspektivische Räume ohne mathematische Grundlage

Die Frage, ob und wie genau die altniederländischen Meister die Prinzipien der Zentralperspektive kannten ist umstritten.[123] In der vorgelegten Arbeit sehen wir, dass keines der oben genannten Gemälden sich der „korrekten" Zentralperspektive[124] bedient. Selbst Jan van Eycks „Dresdener Altar" (Abb. 6) und Rogier van der Weydens „Altar der Sieben Sakramente" (Abb. 21), die von allen behandelten Werken die besten Raumwirkungen zeigen, besitzen mehr als einen Fluchtpunkt (Abb. 33).[125] Nach dem Forschungsergebnis von Guido Joseph Kern konstruierten die altniederländischen Künstler die perspektivische Einteilung der Tiefenlinien lediglich nach dem Augenmaß vornahmen.[126]

---

[123] Die Ansichten darüber weichen voneinander ab: Einerseits vertreten Kunsthistoriker wie V. Nielsen und Crowe–Cavalcaselle die Meinung, dass ab Jan van Eyck die altniederländischen Maler bereits Kenntnis von der Zentralperspektive besäßen. Nielsen deutet darauf hin, dass Jan van Eyck durch das Studium Euklidischer Werke die Grundgesetze der Zentralperspektive entdeckt habe. Andererseits kam G. J. Kern durch seine Untersuchung zu dem Schluss, dass Jan van Eyck weder das Gesetz von der Distanz noch die Prinzipien von der Zugrundelegung eines einheitlichen Fluchtpunktes gekannt habe. Vgl. G. J. Kern (1904), S. 2f. und S. 18–24.
In dieser Arbeit wird die Ansicht G. J. Kerns übernommen.
Als das erste altniederländische Gemälde, in dem der ganze Raum nach einem einheitlichen Fluchtpunkt konstruiert ist, wird Dirk Bouts' „Abendmahl–Altar" (Löwen, Peterskirche, 1464–67) von Kunsthistorikern übereinstimmend anerkannt. Auch ein anderes zeitgenössisches Gemälde, die Frankfurter Madonna des Petrus Christus von 1457, könnte bereits nach einem einheitlichen Fluchtpunkt konstruiert sein. Diese Ansicht ist jedoch nicht allgemein von Kunsthistorikern bestätigt worden. Siehe E. Panofsky (1998), S. 728ff.
[124] Das Adjektiv „korrekt", benutzt Panofky. Die sog. „korrekte" Perspektive scheint der mathematisch vorgehende Theorie zu entsprechen. So gesehen behauptet Panofky: „Dabei ist die Perspektive der Eyckischen Bilder, rein mathematisch betrachtet, noch immer insofern 'inkorrekt', [...]" Siehe E. Panofsky (1998), S. 728.
[125] Vgl. G. J. Kern (1904), S. 12f. und K. Doehlemann (1911), S. 403ff.
[126] Siehe ibid., S. 21.

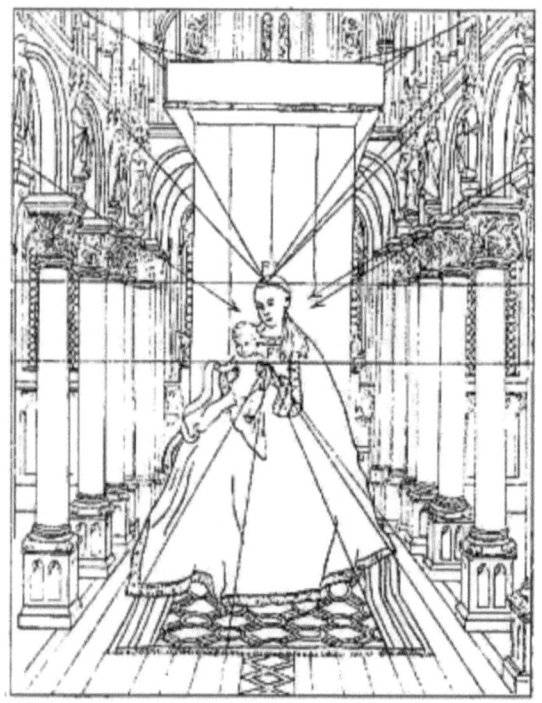

Abb. 33
Perspektivisches Schema der Mitteltafel des Dresdener Altars.
Nach G. Joseph Kern.

Obwohl die Architektur nicht nach den Regeln der Zentralperspektive konstruiert wurde, sind alle Kirchenräume in den neun Gemälden erstaunlich wirklichkeitsgetreu dargestellt. Durch die minuziöse Darstellung einzelner Elemente der Architektur ist es den Malern gelungen, eine tiefe Raumwirkung zu erschaffen. Die Fußbodenfliesen spielen dabei z. B. eine wichtige Rolle. In acht von neun Gemälden sind die Muster der Fliesen sichtbar und tragen offensichtlich zur Konstruktion der Tiefenlinien bei. Im „Dresdener Altar" (Abb. 6) anwendete Jan van Eyck den Teppich mit pompöser Musterung statt der Fliesen. Auch die Wiedergabe der Säulenreihen, Arkaden, Triforien und der gleichmäßig dargestellten Kreuzrippengewölbe verstärken die perspektivische Tiefenwirkung des Raums.

Weiterhin sind die Effekte von Licht und Schatten bedeutend für die Darstellung der dreidimensionalen Kirchenräume. Mit Hilfe der geschickten Anwendung des Farbe-Licht-Kontrasts (Helldunkel-Effekt) werden die Schwierigkeiten der Innenraumdarstellung, die sich durch die Mehrzahl der Fluchtpunkte ergeben, überspielt.[127] Jan van Eycks „Madonna in der Kirche" (Abb. 12) ist ein gutes Beispiel dafür: Durch den Kontrast zwischen den hellen Obergadenfenstern und den dunklen Triforiumgalerien, dem dunklen Lettner und dem hellen Chor wird die Wirkung der Tiefe und damit die Räumlichkeit des Innenraums verstärkt.

Auch die Prinzipien der „Luftperspektive" (auch als „Farbperspektive" bezeichnet)[128] sind in den Innenraumdarstellungen zu finden. In den neun besprochenen Werken sind alle Figuren im Vordergrund mit kräftigen Farben dargestellt, die Architektur als Schauplatz wird dagegen hauptsächlich monochrom gezeigt. Durch diesen Unterschied der Farbtöne zwischen Figuren und Architektur wird ebenfalls Tiefe im Raum erzeugt. In den beiden Gemälden Rogier van der Weydens (Abb. 10 und Abb. 21) hat der Maler außer dieser Methode noch ein anderes Mittel angewandt: Je weiter die Menschen vom Betrachter entfernt sind, desto kleiner werden

---

[127] Vgl. G. J. Kern (1904), S. 24.
[128] Aus der Beobachtung der Natur ergibt sich die Feststellung, dass Gegenstände je weiter sie entfernt sind, immer mehr die Farbe Blau annehmen und ihre Konturen immer unschärfer werden. Diese Beobachtung führt zur Erfindung der Luftperspektive.Vgl. M. Doerner (1994), S. 18f. und S. 162f.

sie dargestellt. In dem „Altar der Sieben Sakramente" (Abb. 21) sind zwei Kleriker im Chor zu sehen, die viel kleiner gemalt sind als die schon zu den Hintergrundfiguren zählende Eucharistie-Gruppe vor dem Lettner. Im „Columba-Altar" (Abb. 10) ist die Figur des Bettlers mit Krücke im Hintergrund größer als der Mann in rotem Gewand, der jedoch noch größer als der zweite Bettler vor dem Portal dargestellt ist. Die kleinste Figur befindet sich schließlich vor der Kirche, sichtbar durch den Blick durch die Tür nach draußen. Mit Hilfe einer solchen kettenartigen Darstellung von immer kleiner werdenden Figuren ist es dem Maler gelungen, die Tiefe im Raum und die Entfernung zur Außenwelt zu verdeutlichen.

Die Darstellung der „Außenwelt" ist ein besonderes Merkmal der Kirchenraumdarstellung in der altniederländischen Malerei. Außer in der „Totenmesse" (Abb. 11), in der alle Fenster dunkel gezeigt sind, ist die Verbindung zwischen Innenraum und Außenwelt sichtbar. In den meisten Bildern wird diese Verbindung durch eine Öffnung in der Architektur hergestellt, die einer Blick nach draußen in eine Landschaft oder eine Stadt freigibt. In der „Verkündigung in Washington" (Abb. 8) und der „Madonna in der Kirche" (Abb. 12) ist die Außenwelt nur durch die äußerst hellen Fenster und die geöffnete Tür angedeutet. Der Unterschied zwischen Innenraum und Außenwelt ist durch den Helldunkel-Effekt stark kontrastiert. Das „Draußen" ist immer viel heller als der Innenraum. Diese „Kommunikation" zwischen dem Innenraum und der Außenwelt überlässt nach Panofsky „die Endlichkeit des Bildes die Unendlichkeit und Kontinuität des Raumes spürbar werden".[129] Einerseits wird die räumliche Wirkung des Kirchenraums durch den Blick nach draußen vertieft, andererseits wird ein neuer Raum im Freien für das Bild erschaffen.

---

[129] Zitat nach Panofsky, siehe E. Panofsky (1998), S. 727f.

Obwohl der Kirchenraumdarstellung jener Zeit die Zentralperspektive fehlt, haben die drei altniederländischen Meister mit ihren eigenen Methoden die räumlichen Interieure unbestreitbar erfolgreich dargestellt.

1.2. Komposition: Vom vollständigern Raum zum „willkürlichen Raumausschnitt" in Memlings Werk

1.2.1. Gemäldetypen stehen im Zusammenhang mit der Komposition und dem Einblickswinkel

Die Komposition der Kirchenraumdarstellung hängt, wie auch der Einblickswinkel ins Bild, von dem jeweiligen Gemäldetypus (wie Miniatur, Diptychon oder Triptychon), ab. Die „Totenmesse" (Abb. 11) als Buchmalerei, in der das Bild nur „eine Seite" umfasst, erfordert selbstverständlich eine andere Komposition und Erzählung als ein mehrflügeliger Altar. Im Vergleich mit den Altarflügeln ist die Architektur in der „Totenmesse" (Abb. 11) symmetrischer und vollständiger: Von zwei riesigen Bündelpfeiler im Vordergrund flankiert, dehnt sich die Architektur nach hinten in die Tiefe aus. Die Joche des Kreuzrippengewölbes werden mit Schlusssteinen nacheinander in der Reihe gezeigt. In der Mitte des oberen Bildrands bekrönt die den Bildrahmen überschneidende Gewölberippe die gesamte Darstellung. Die Szene wird vollständig in dem symmetrisch gestalteten Schauplatz erzählt.

Als linker Flügel eines Diptychons, ist die Architekturdarstellung in der „Madonna in der Kirche" (Abb. 12) ein Gegenbeispiel für die „Totenmesse" (Abb. 11). Obwohl sich die Erscheinungen der beiden Kirchenräume einander sehr ähneln (besonders in der Wandgliederung), ist der Raum in der „Madonna in der Kirche" anders begrenzt. Im Vordergrund befindet sich kein riesiger Bündelpfeiler und da die Architektur nur im linken Teil des Bilds dargestellt ist, verschiebt sich der Augenpunkt viel stärker zur Seite hin. Ein solches Merkmal in der Bildkomposition taucht wieder in der vermutlich auch als linker Flügel konzipierten „Verkündigung in Washington" (Abb. 8) auf. Eine ähnliche Komposition, jedoch mit der Architektur auf der rechten Seite und den entsprechend einem nach links gerichteten Einblick in den Raum, sehen wir in den „Darbringungsgemälden" Rogier van der Weydens und Hans Memlings, (Abb. 10, Abb. 25, Abb. 29 und Abb. 32) alle vier Tafeln gehören zum rechten Flügel eines Triptychons.

Die beiden gut erhaltenen Triptychen „Dresdener Altar" (Abb. 6) und „Altar der Sieben Sakramente" (Abb. 21) zeigen eine andere Art der Komposition des Kirchenraums. Jan van Eyck und Rogier van der Weyden haben hier die Form des Triptychons voll ausgenutzt indem sie die drei Schiffe einer symmetrischen Basilika den drei Tafeln des Gemäldes zuordneten.

1.2.2. Zum Größenverhältnis zwischen Architektur und Figuren

In den meisten Gemälden sind die Vordergrundfiguren im Vergleich zur Architektur zu groß. Dazu passen die Worte von G. Joseph Kern über Jan van Eycks Werk: „Die Personen der Eyckschen Bilder können in den Räumen, die sie umgeben, nach gewöhnlicher Menschen Art nicht leben; im »Raume« stehen die Figuren außerhalb des Raumes, ohne Beziehung zur körperlichen Welt."[130] In allen beschriebenen Werken bildet nur die „Totenmesse" (Abb. 11), in der die Figuren sich in einer fast natürlichen

---

[130] Siehe G. J. Kern (1904), S. 21.

Größe zur Architektur verhalten, eine Ausnahme. Zu diesem scheinbar „auffällig" richtigen Größenverhältnis bemerkt Erwin Mitsch, dass die repräsentative Darstellung z. B. in der „Madonna in der Kirche" (Abb. 12) etwas anderes als die erzählende Szene der „Totenmesse" (Abb. 11) sei.[131] Diese Ansicht befindet sich im Einklang mit der Erklärung, dass die überproportionierte Gestalt der Madonna mit ihrer Symbolbedeutung als Maria/Ecclesia zusammenhänge.[132] Von dem Kriterium „repräsentative Darstellung oder erzählende Szene" aus gesehen, enthalten die Darbringungsszenen interessanterweise beide thematischen Funktionen. Die Erzählung eine Episode aus der Jugend Christi und der repräsentative Charakter des Christuskinds verschmelzen miteinander in einer Darstellung. Die Figuren im Vordergrund sind im Verhältnis zur Architektur immer zu groß, nur die Gestalten im fernen Hintergrund wie z. B. die Bettler am Ausgang oder die Engel im Chor erscheinen im natürlichen Maßstab. Im „Altar der Sieben Sakramente" (Abb. 21) tauchen beide Größenverhältnisse gleichzeitig auf. Die Figuren der symbolischen Kreuzigungsgruppe sind viel größer als die realistisch wiedergegebenen „Sakramentfiguren".

In den meisten Fällen tragen die Hauptfiguren in den Kirchenraumdarstellungen in der altniederländischen Malerei die symbolische Bedeutung und werden im „repräsentativen Maßstab" dargestellt. Was G. Joseph Kern über das Œuvre Jan van Eycks und seiner Schüler äußert, eignet sich auch für die Beschreibung der Werke seiner

---

[131] Siehe E. Mitsch (1957), S. 62, Erwin Mitsch betont auch, es sei schwer zu behaupten sei, dass bezüglich des Raum–Figuren–verhältnisses die „Totenmesse" fortgeschrittener sei.
[132] Vgl. W. Sauerländer (1994), S. 172; M. Meiss (1945), S. 179ff.; E. Panofsky (1953), S. 145ff.; L. B. Philip (1967), S. 83; Belting/Kruse (1994), S. 143; S. N. Blum (1996), S. 166, O. Pächt (2002), S. 205; u. a.

Zeitgenossen: „Perspektivische Beziehungen symbolischer Art zwischen den Figuren und Architekturen lassen sich für Werke des Eyckschen Kreises in einer Reihe von Fällen nachweisen."[133]

1.2.3. Verbessertes Größenverhältnis durch „Raumausschnitt"

In allen drei Memling zugeschriebenen „Darbringungs"- Gemälden zeigt sich ein neues, wesentliches Merkmal der Innenraumdarstellung, das von Jan van Eycks und Rogier van der Weydens Kirchenraumdarstellungen abweicht: Alle drei Kirchenräume in Memlings Gemälden werden nur partiell wiedergegeben, die Decken sind dabei nicht mehr sichtbar. Wie bereits erwähnt zeigt die Wahl des „Raumausschnitts", nach Werner Körte, die Absicht des Malers die Figuren im Kirchenraum verhältnismäßig groß zeigen zu können. Mit der Erfindung dieses „Raumausschnitts" entsteht eine neue Darstellungsweise des Kircheninnenraums in der niederländischen Malerei, in der das Größenverhältnis zwischen Figuren und Architektur näher bei dem natürlichen Maßstab liegt und gleichzeitig die Symbolik in der Kirchenraumdarstellung allmählich abnimmt.

1.2.4. Wirkt der Architekturstil auch auf das Größenverhältnis ein?

Nach Meinung von Werner Körtes beeinflussen auch die Bauformen im Bild das Größenverhältnis zwischen Figur und Raum. Der Ausgangspunkt seiner Untersuchung sind die unterschiedlichen Wirkungen der Innenräume in der „Madonna in der Kirche" (Abb. 12) und der „Verkündigung in

---

[133] Siehe G. J. Kern (1904), S. 22.

Washington" (Abb. 8): „Ein Vergleich der Petersburger Verkündigung[134] mit der Berliner Madonna in der Kirche macht es deutlich, welch neue Möglichkeiten der Maler für die Verbindung von Mensch und Raum durch die Übernahme der romanischen Bauformen gewann. Bei annähernd gleicher Bildform ist für die Verkündigungsgruppe schon ein erträgliches Verhältnis zum Raume erreicht: die Höhe der Gestalten entspricht etwa einer Säulenlänge. In den relativen Maßstab des Berliner Bildchens übertragen, würden sie immer noch in einem krassen Missverhältnis zu den gotischen Arkaden stehen."[135]

Werner Körte betrachtet den Architekturstil hauptsächlich von einem formalen Gesichtspunkt aus, andere, inhaltlich begründete Ansicht wird in dem anschließenden Abschnitt weiter erörtert.

2. Architekturstil: Romanik oder Gotik

Die beiden Stilbegriffe Romanik und Gotik wurden erstmals im 19. Jahrhundert deutlich verschieden definiert, nachdem der französische Archäologe Charles Duhérissier de Gerville den Begriff „Romanik" 1818 eingeführt hatte.[136] Die Romanik wird, nach Dethard von Winterfeld, auf den Zeitraum nach 1000 bis zum Beginn der Gotik begrenzt. Der gotische Stil entwickelte sich im 12. Jahrhundert aus dem romanischen heraus und wurde im 16. Jahrhundert von der Renaissance abgelöst. So gesehen stellt der gotische Stil die zeitgenössische Architektur der altniederländischen Meister dar, während die romanische Formen vergleichsweise „archaisch"

---

[134] Das Gemälde wird heute als „Verkündigung in Washington" gekannt.
[135] Siehe W. Körte (1930), S. 14.
[136] Siehe D. v. Winterfeld (1999), S. 53f.

wirken. In den neun behandelten Gemälden dieser Arbeit sind beide Baustile vertreten und manchmal sogar nebeneinander zu finden. Der reine gotische Kirchenraum taucht in der „Totenmesse" (Abb. 11), der „Madonna in der Kirche" (Abb. 12) und dem „Altar der Sieben Sakramente" (Abb. 21) auf. Der „Dresdener Altar" (Abb. 6) zeigt eine romanische Basilika, allerdings mit gotischem Blendmaßwerk und Dienstbündeln; sowie die scheinbar romanische Architektur in der „Verkündigung in Washington" (Abb. 8) spitze gotische Arkaden besitzt. Der „Columba-Altar" (Abb. 9) und Memlings „Darbringung" in Washington (Abb. 25) zeigen Kirchen, die innen romanisch außen jedoch gotisch sind. Die anderen zwei Gemälde Memlings inszenieren die Darbringungsszenen in romanischen Kirchenräumen, nur das Rosettenfenster im „Dreikönigsaltar" (Abb. 29) im Prado scheint gotisch zu sein.

Zwei grundsätzlich verschiedene Meinungen herrschen bei der Frage nach den Verwendungsgrund beider unterschiedlicher Bauformen im Bild. Die eine besonders von dem bereits erwähnten Werner Körte vertreten, der die formale Funktion des Architekturstils betont. Die andere Meinung stammt von Erwin Panofsky, der das Bauformenproblem aus ikonographischer Sicht betrachtet.

2.1. Die sogenannte „Romanische Renaissance" und die Funktion der Rundbogenform

Das Phänomen des „archaischeren" romanischen Architekturstils in der altniederländischen Malerei wurde von manchen Kunsthistorikern als ein Gegenzug zu der italienischen Renaissance mit ihren antiken Formen betrachtet und somit als die nördliche „Romanische Renaissance" bezeichnet. So behauptet Dagobert Frey: „Hier fehlen die antiken Vorbilder nahezu vollständig und auch das, was in einem historischen Quiproquo dafür hätte gelten können; und so sehen wir Jan van Eyck aus dem neuen Formgefühl heraus kühn nach dem Nächstliegenden greifen, nach der heimischen romanischen Baukunst. So bildet eine romanische Renaissance, wenn auch nicht von gleicher Tragweite, was in Italien die Renaissance der Antike bedeutet."[137]

Diese Ansicht wurde von Werner Körte aufgenommen: In seiner Dissertation „Die Wiederaufnahme romanischer Bauformen in der niederländischen und deutschen Malerei des 15. und 16. Jahrhunderts" von 1930 erklärt er darüber hinaus den Vorteil der Verwendung rundbogiger Stilelemente im Werk Jan van Eycks: „Denn die gotischen Bauformen, die er als zeitgenössisch vorfand, erlaubten es ihm nicht, einen Bildraum auch nach oben fest zu begrenzen und ihn zugleich mit verhältnismäßig großen Gestalten zu füllen, ohne dass er ihren Maßstab wechselte."[138] Weiter betont Körte, dass die „menschenähnlichen Grundmaße" des Rundbogenstils und dessen „Eignung zu festen klaren Raumabschlüssen" dem formalen Bedürfnis der Gemälde Jan van Eycks entsprechen, sowie auch der „plastische Gehalt"der Architektur „den schweren Körpern Eyckischer Menschen" entspricht.[139]

Schon Hans Jantzen geht von einer formalen Bedeutung aus bei der Verwendung romanischer Formen. In seinem 1909 veröffentlichten Buch „Das Niederländische Architekturbild" behauptet er, dass Jan van Eyck in den Formen romanischer Baukunst vor allem die Funktion des Rundbogens

---

[137] Siehe D. Frey (1929), S. 81.
[138] Siehe W. Körte (1930), S. 10.
[139] Ibid., S. 22.

als bindende Linie gegenüber der mehr trennenden Funktion des Spitzbogens suche.[140] In demselben Buch vertritt Jantzen auch die These, dass der Rundbogenstil zur Wirkung der Feierlichkeit im Bild beitrage, er nennt jedoch keine Beispiele. In einem vergleichsweise jüngeren Buch beschreibt Heinrich Klotz die Feierlichkeit im „Dresdener Altar" (Abb. 6) folgendermaßen: „Die feierlich aufgereihten Säulenarkaden nehmen den Charakter einer Renaissancekolonnade an, wenn auch keine italienischen Renaissancedetails erkennbar sind."[141] Nach Klotz erscheint diese Feierlichkeit auch in der „Rolin Madonna" (Abb. 17): „Die Rundbogenarkaden schließlich, die den Blick in die ferne Landschaft rahmen und der Anbetung des Kanzlers Rolin eine feierlich ausgewogene Atmosphäre verleihen, [...]."[142]

Die reinen Formwerte, die Werner Körte bei der Untersuchung der Gemälde Jan van Eycks immer wieder betont, verändern sich, so Körte, in dem Werk des Meister von Flémalle.[143] Bei Rogier van der Weyden sei die Formenwahl schließlich nicht mehr so sehr wie bei Jan van Eyck in den sinnlich-ästhetischen Eigenschaften der Romanik zu suchen. Die Gründe hierfür sind, nach Werner Körte, einerseits der schlankere und gelockerter Figurenstil Rogier van der Weydens, der eine andere architektonische Ergänzung als romanische Form benötigt; andererseits, hat Rogier van der Weyden, wie sein Lehrer, der Meister von Flémalle, der Romanik in seiner Darstellung eine biblisch-archäologische Bedeutung gegeben: sie entrückt den Baustil des heiligen Landes aus der Gegenwart.[144]

---

[140] Siehe H. Jantzen (1979), S. 5. Als Beispiel weist Jantzen auf S. 4 auf die runden verformten Kreuzgewölbe in der „Madonna in der Kirche". Vgl. auch S. 14 dieser vorliegenden Arbeit.
[141] Siehe H. Klotz (1997), S. 48.
[142] Ibid.
[143] Ibid., S. 24.
[144] Ibid., S. 26ff.

Zusammenfassend kann gesagt werden, dass Werner Körte die Aufnahme romanischer Bauformen vorwiegend mit den Formbedürfnissen der Gemälde begründet. Durch seine Interpretation des dem Meister von Flémalle zugeschriebenen Gemäldes „Marienvermählung" im Prado (Abb. 34), das zugleich auch ein Beispiel von Panofsky in dem Kapitel „Reality and Symbol in Early Flemish Painting: Spiritualia sub Metaphoris Corporalium" ist, kann seine problematisch Argumentation noch einmal exemplarisch vorgeführt werden. So behauptet Körte über die in der „Marienvermählung" (Abb. 34) nebeneinander auftauchenden romanischen und gotischen Bauformen: „In der Architektur dieser Tafel tritt also das ein, was wir als Anzeichen einer nahenden Formenkrise zu bewerten haben: die Künstlerischen Ausdrucksmittel haben sich in zwei Formensprachen gespalten, die gleichwertig nebeneinander gesprochen werden. Ein inhaltlicher Grund dazu kann nicht vorliegen, denn derselbe Hohepriester amtiert hier in der romanischen Kapelle, dort vor dem gotischen Portal. [...] aber der Gegensatz zwischen den plastisch vollwertigen romanischen Bauformen und den feinlinig gotischen erzielt doch eine formale Spannung, die die oft empfundene Unruhe des Bildes noch steigert."[145]

2.2. Die ikonographische Funktion des Architekturstils

Im Gegensatz zu Körtes formaler Deutung gibt Erwin Panofsky eine inhaltliche Erklärung für die Wiederaufnahme des romanischen Stils. Er sieht in der Gegenüberstellung von Romanik und Gotik eine Anspielung

---

[145] Siehe W. Körte (1930), S. 25.

auf den Westen und den Osten, auf die Antithese von Judentum und Christentum, sowie auf die Antithese von Altem und Neuem Bund.[146]

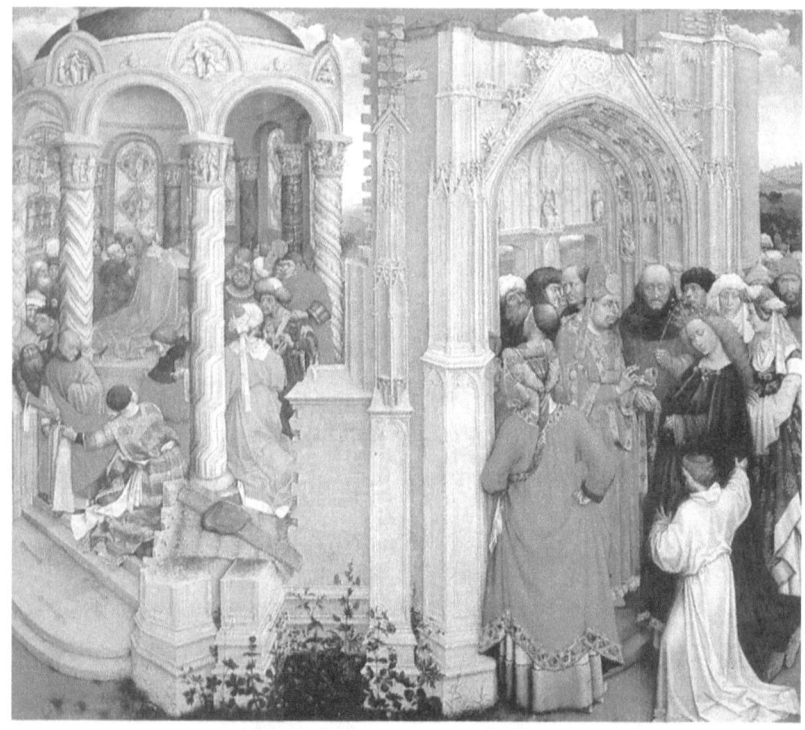

Abb. 34
Robert Campin:
Marienvermählung. um 1428. Öl auf Holz. 77 x 88 cm.

Aus diesen Gedanken heraus interpretiert er die beiden unterschiedlichen Architekturen in der „Marienvermählung" (Abb. 34) als symbolische Darstellungen des Alten und Neuen Bundes (the Old Dispensation and the

---

[146] Siehe E. Panofsky (1953), S. 133.

New). So findet das Stabwunder im „alten" romanischen Teil des Tempels statt, während das Verlöbnis der Maria, deren Erscheinen die neue Ära einleitet, im „neueren" gotischen Teil gezeigt wird.[147] Ebenso wird die Architekturgestaltung im „Columba-Altar" (Abb. 9) erklärt: Der romanische Innenraum auf dem rechten Flügel bedeutet demnach die Darstellung einer vergangenen, durch das Erscheinen Christi abgeschlossenen Epoche und wird als der Alte Bund, bzw. die Epoche „sub lege" interpretiert. Das Äußere desselben Tempels auf der Mitteltafel erscheint in reinen gotischen Bauformen und spielt entsprechend auf den Alten Bund an.[148]

Panofsky stellt seine ikonographische These vorwiegend durch die Untersuchungen der Gemälde Jan van Eycks auf. Er behauptet, dass die Verwendung romanischer Architektur erst bei Jan van Eyck den Charakter einer systematischen Wiederaufnahme annehme. Jan van Eyck, so Panofsky, „almost became an archeologist. He learned to recreate Romanesque churches, chapels and palaces; he studied and used the forms of Romanesque inscriptions [...]"[149] Für Panofsky ist die „Verkündigung in Washington" (Abb. 8) ein typisches Beispiel und damit ein Beweis für seine These.[150] Zu diesem Gemälde bemerkt er weiter, dass die Symbolik im Sinne einer Versöhnung von Gegenwart und Vergangenheit gemeint und damit retrospektiv wirke. In Jan van Eycks anderen Gemälden beziehe sich diese Symbolik jedoch die auf Zukunft, die Romanik entspreche dort dem „Neue, himmlische Jerusalem" und stelle auf diese Weise den

---

[147] Vgl. E. Panofsky (1953), S. 136. Diese These wird von Julius S. Held anerkannt, der eine dreißig Seiten umfassende „Book Review" über Panofskys „Early Netherlandish Painting" veröffentlicht hat. Vgl. J. S. Held (1955), S. 213.
[148] Vgl. E. Panofsky (1953), S. 286ff. und auch K. Arndt (1962), S. 13f.
[149] K. Arndt (1962), S. 136.
[150] Panofskys Hinweise auf die symbolische Bedeutung beider Architekturstile in der „Verkündigung in Washington" wurde auf S. 20f. der vorliegenden Arbeit besprochen.

Gegensatz zwischen dem himmlischen und dem irdischen Leben dar. Nach Panofsky, bedeuten die romanischen Architekturdarstellungen im „Dresdener Altar" (Abb. 6), in der „Rolin Madonna" (Abb. 17), und in der „Paele Madonna" (Abb. 14) allesamt himmlische Architekturen. Und über die winzigen gotischen Elemente in dieser romanischen Architektur (wie z. B. die Blendmaßwerke im „Dresdener Altar" (Abb. 6)), schreibt er: „And in order further to distinguish this quasi-celestial architecture, Jan van Eyck was careful to intersperse the Romanesque ensemble with Gothic elements and even liked to include some features suggestive of pagan antiquity. He wished to express the ultimate absorption of the whole present and the whole past in the fulfillment of the Last Days."[151]

2.3. Zusammenfassung

Die Anwendung der formalen wie auch der ikonographischen Deutung der Architekturstile auf die Untersuchung der neun Gemälde zeigt das Ergebnis, dass je nach Werk beide Thesen angemessene Erklärungen zur Verwendung der verschiedenen Architekturstile geben können. Keine der beiden Aspekte darf von der Erklärungsmöglichkeit ausgeschlossen werden, sowie auch keiner für alle Gemälde eine zutreffende Erklärung anbietet. Werner Körtes rein formale Ansicht reicht nicht aus, um die Darstellung der aus gemischten Stilen bestehenden Kirche/Tempel im Columba-Altar (Abb. 9) zu erklären; Panofskys ikonographische Erklärung überzeugt wenig für die Rundung des Kreuzgewölbes in „Madonna in der Kirche" (Abb. 12) und die Blendmaßwerke im „Dresdener Altar" (Abb. 6). Bei den Werken Jan van Eycks ist die formale Erklärung zutreffend für die

---

[151] Siehe E. Panofsky (1953), S. 139.

zunehmende Bevorzugung von romanischen Bauformen, die ikonographische These begründet aber den reich an Symbolen ausgestatteten Schauplatz in der „Verkündigung in Washington" (Abb. 8). Generell sollten wir beide Aspekte gleich berücksichtigen, wenn wir die Ursachen für den ausgewählten Architekturstil im Bild untersuchen. Außerdem sollten wir den Blick dabei immer auch auf die Thematik des Gemäldes werfen, die eine entscheidende Rolle spielte. Ein Beispiel hierfür ist der „Dresdener Altar" (Abb. 6), der eine thronende Madonna zeigt, die zwangsläufig eine prunkvolle Bühne verlangt. So ist die romanische Basilika als ein glänzender Palast mit farbigen Marmorsäulen, prächtigen Flechtwerkkapitellen, in der Tiefe aufgereihten Rundarkaden und pompösen Teppichen sowie einem Baldachin dargestellt. Und da all dieser Schmuck nicht für den Anspruch an eine vollkommene Bühne ausreicht, fügt der Maler noch dekoratives gotisches Blendmaßwerk, Dienstbündel und Baldachinstatuetten hinzu. Ein anderes Beispiel ist die „Verkündigung in Washington" (Abb. 8). Der Moment der „Verkündigung" ist theologisch ein wichtiges geschichtevolleres Thema, als der kritische Zeitpunkt für die Menschwerdung Christi und damit für die Heilsgeschichte der Menschheit. Daher ist anzunehmen, dass eine Inszenierung dieser Szene mit mehren typologischen und ikonographischen Zeichen ausgestattet wird. Für die außen rein gotischen, innen jedoch typisch romanischen Kirchen in Rogier van der Weydens Columba-Altar (Abb. 9) und Hans Memlings „Darbringung" in Washington (Abb. 25), die in der Realität auf keinen Fall existieren, ist die ikonographische Erklärung Panofskys eher zutreffend. Insbesondere wenn wir diese „stilgemischte" Kirche als ein Darstellungsschema von Rober Campin/Meister von Flémalle, dem Lehrer Rogier van der Weydens betrachten, das bis zu der dritten Generation – Hans Memling – immer noch zitiert wird.

Ein letzter Faktor, den nicht vergessen werden darf, ist der Einfluss des Auftraggebers. Es besteht die Möglichkeit, dass die gotischen Kirchen in der „Madonna in der Kirche" (Abb. 12) und im „Altar der Sieben Sakramente" (Abb. 21) nach Anweisung des Auftraggebers

entstanden sind.[152] Auch die romanische Kirche im rechten Flügel des „Jan Floreins-Altars" (Abb. 32) könnte unter dem Einfluss des Auftraggebers Jan Florein ein Architekturporträt des nördlichen Querschiffs der ehemaligen Kathedrale St. Donatian in Brügge sein.[153] Die Darstellung einer solchen Kirche als Architekturporträt, zeigt eine realitätsorientierte Architekturauffassung, die jedoch auch Visionen beinhaltet.

3. Vision und Realität

„Die Maler sind in zwei Welten zu Hause: einmal auf unserer Erde, dieser sinnlich erfassbaren Welt, die sie als Quelle ihres Realismus zutiefst lieben, zum anderen jenseits dieses erschaffenen Universums, in der magischen und imaginären Welt, die die Religion ihnen als Ursache und Erklärung der ersten gibt. Sie vereinigen in ihren Bildern diese beiden Welten zu einer

---

[152] Wir sollten nicht vergessen, dass die Tafel „Madonna in der Kirche" der linke Flügel eines Diptychons ist, dessen rechter Flügel vermutlich den Auftraggeber darstellte. (Vgl. S. 13 dieser Arbeit) Daher ist es möglich, dass die Kirche in der linken Tafel das Porträt einer zeitgenössischen Kirche ist, die in Beziehung zu dem Auftraggeber stand.
Der Auftraggeber des „Altar der Sieben Sakramente" ist Jean Chevrot, Bischof von Tournai. (Siehe S. 27f. dieser Arbeit) Es wird deshalb behauptet, dass die Kirche im Bild die Kathedrale von Tounai sei. Vgl. W. Sauerländer (1994), S. 167.
[153] Nach der Untersuchung von Jan Karel Steppe hat Memling St. Donatian für das Werk studiert. Diese Kirche ist nach Dirk De Vos die bedeutendste Brügger Kirche, und „ein romanischer Bau ersten Ranges, eignete sich natürlich hervorragend für die Darstellung des biblischen Tempels" Siehe D. De Vos, 1994, S. 158.
Vgl. auch S. 41, Anm. 121. der vorliegenden Arbeit.

gleichzeitig einfachen und komplexen, wirklichen und geheimnisvollen Gegenwart [...]"[154] Diese Äußerung von Robert Genaille zur flämischen Malerei triff auch auf die gesonderte Beschreibung der Kirchenraumdarstellung zu, die in dieser Arbeit behandelt wurde. Die Architektur ist in den Bildern einerseits so naturgetreu und detailrealistisch dargestellt, dass sie oft als Porträt bestimmter Kirchen identifiziert und erkannt wurde.[155] Bei den meisten Kirchenraumdarstellungen wurde bewiesen, dass das Studium vor Ort einen wesentlichen Einfluss auf die Darstellung ausgeübt hat.[156] Auf der anderen Seite sind die Szenen in den Gemälden unrealistisch und visionär, wenn z. B. Zeitgenossen der Maler, meistens die Auftraggeber, aber auch die Bettler, zusammen mit den Heiligen in der biblischen Geschichte auftreten.

Der Altar der Sieben Sakramente (Abb. 21) ist das repräsentativste Beispiel für eine solche „Verschmelzung" von Realität und Vision im Bild. Bei gesonderter Betrachtung einzelner Szenen, erscheint jede Sakrament-Gruppe als naturgetreu wiedergegebene realistische Darstellung, als Gesamtwerk jedoch, entspricht die Anordnung keiner real vorstellbaren Situation in einer Kirche. So bemerkt Willibald Sauerländer: „Es handelt sich bei dieser Plazierung der Sakramente in den Langhauskapellen einer Kathedrale also nicht um eine realistische, sondern um eine symbolische

---

[154] Siehe R. Genaille (1961), S. 11.
[155] Z. B. allein die Kirche in der „Madonna in der Kirche" (Abb. 12) wurde von Hulin de Loo als die Genter Kathedrale, von Karl Voll als St. Denis und von G. Joseph Kern als St. Benigne in Dijon identifiziert. Vgl. W. Körte, 1930, S. 9.
[156] Claus Peter Egner hat erkannt, dass vor allem der Baustil der Brabanter Gotik in der flämischen Tafelmalerei sichtbar würde. Daher behauptet er auch, dass das Moment der Beobachtung, nämlich das Studium vor Ort die Darstellung deutlich bedeutend beeinflusst hat. Siehe C. P. Egner (1979), S. 10.

Topographie."[157] Auch der kauernde Bettler am Ausgang, das gläubige Paar im Querschiff und die beiden Geistlichen im Chor scheinen so lebendig und realistisch, als ob sie gewöhnliche Figuren wären, die sonst in der Genremalerei zu finden sind. Die sich im Vordergrund befindende Kreuzigungsgruppe und die Engel, die in den verschiedenen liturgischen Farben gezeigt sind und Schriftbänder halten, stammen jedoch aus der visionären Vorstellung des Malers. Auf diese Weise erschuf Rogier van einen Schauplatz, auf dem, biblische und zeitgenössische Figuren, ob visionär oder realistisch, harmonisch zusammen in einer lebendig gezeichneten gotischen Kirche von Brabant agieren können. Hier sind Realität und Vision eins geworden.

---

[157] Siehe W. Sauerländer (1994), S. 169, dort weist Sauerländer auch darauf hin, dass die Kapellen keine Altäre besäßen und dass die Sakramente, wie die vom Bischof vollzogene Firmung oder die Priesterweihe normalerweise nicht in irgendwelchen Seitenkapellen gespendet würden, bes. die Firmung, finde nach Sauerländer, meist nicht in der Kathedrale statt; auch die Taufe erwarte man nicht an jener Stelle, ganz abgesehen vor der Letzten Ölung.

VI. Fazit

Realität und Vision sind eins, so ist das grundlegende Wesen der Kirchenraumdarstellung in der niederländischen Malerei des 15. Jahrhunderts.

Alle besprochenen Gemälde dieser Arbeit sind Schauplätze der Verschmelzung von Realität und Vision, von Wirklichkeit und Symbolik. (Außer der „Totenmesse" (Abb. 11), die als Miniatur vor allem die Aufgabe der erzählenden Wiedergabe der Liturgieszene erfüllt – obwohl der Maler mehr Kircheninterieur als Liturgie gezeichnet hat).

Diese Verschmelzung beschränkt sich nicht nur auf die Verbindung von biblischer Szene und architektonischem Schauplatz (also von „Darsteller" und „Kulisse"), sie ist auch innerhalb der architektonischen Elemente zu finden.

Die gotische Kirche voller Licht aus dem Norden („Madonna in der Kirche"), die romanische Basilika mit gotischem Maßwerk und Dienstbündeln („Dresdener Altar"), der reich an Sinnbildern gefüllte Kirchenraum („Verkündigung in Washington"), die außen gotischen und innen romanischen Kirchen („Columba-Altar" und Hans Memlings „Darbring" in Washington) – alle dies sind geschickt detailliert und „realistisch" dargestellte Räume, die aber nicht einer reinen Wiedergabe der Realität gleichen. Sie sind das Ergebnis einer Mischung von Vision und

Realität, das Ergebnis eines Prozesses, in dem der Realismus sich von der „Geburt" bis zur „Entfaltung" entwickelte.[158]

Dieser Prozess lässt sich bis in die Jahrhundertwende zurückverfolgen, als jene neue Tendenz zu einer realistischeren Darstellungsweise bei den Werken Claus Sluters und Melchior Broederlams führte. Der wirtschaftliche Aufschwung der niederländischen Städte und das dadurch entstehende neue Bürgertum mit seinem neuen Mäzenatentum trugen zur Entwicklung des realistischen Stils bei. Aufgrund des Strukturwandels des Kunstpublikums verbreitete sich die Tafelmalerei (damals als ein relativ „neues" Medium) und führte zur Erneuerung der Maltechnik.[159] Dem wichtigsten Grund für die Geburt dieser detailrealistischen Malerei beinhaltet die These von Albert Châtelet, dass die Originalität des Realismus zu jener Zeit in der Symbolik des Objekts liege.[160] Interessanterweise sehen wir hier wieder, wie die Vision und die Symbolik mit der Realität und der naturgetreuen Wiedergabe der Gegenstände zusammenhängen. Je detaillierter und realistischer das Objekt gezeichnet ist, desto erfolgreicher erfüllt die Malerei ihre sinnbildliche Aufgabe. Dieser Gedanke hatte großen Einfluss auf die altniederländische Malerei des 15. Jahrhunderts. Das Ergebnis zeigt die gesamte Malerei, wie auch speziell die Kirchenraumdarstellung: dass die Vision und die Realität eins sind.

Im Gegensatz zu der italienischen Renaissance, wo die Künstler die Welt bewusst systematisch und wissenschaftlich erforscht und dargestellt hatten,

---

[158] Hier zitiere ich Albert Châtelet, der in einem seiner Aufsätze „Die Geburt des Realismus" und „Die Entfaltung des Realismus" als Überschriften zweier Abschnitte benutzte. Siehe A. Châtelet (1989), S. 233 und S. 287.
[159] Vgl. Belting/Kruse (1994), S. 10ff.
[160] Siehe Châtelet/Recht (1989), S. 234. Vgl. auch S. 7 dieser Arbeit.

stützten sich die altniederländischen Meister im Norden zur naturgetreuen Wiedergabe der Gegenstände auf eine unglaublich gründliche Beobachtung der Wirklichkeit.[161]

Um die Kirche vollkommen zu zeigen, fertigten sie Studien am Ort an. Zusammen mit ihrer perfekten Maltechnik ist es den altniederländischen Malern gelungen, räumliche, lebhafte Kircheninterieure auf die Tafeln zu projizieren. Obwohl sie noch nicht die Prinzipien der Zentralperspektive beherrschten, erschufen sie dennoch ein Bild wie „ein geöffnetes Fenster auf die Welt".[162] Der weiche Stil wurde zugunsten eines „neuen Universums" längst abgelegt. Durch Arrangements wie z. B. die ferne Landschaft ausschnitthaft gezeigt durch ein Fenster oder eine Türe, die die Verbindung zwischen dem Kircheninterieur und der Außenwelt herstellen, oder die Darstellung alltäglicher Nebenfiguren im Hintergrund der Bilder, allmählich verändert sich der am Anfang als „Ecclesia" symbolisierte und dargestellte Kirchenbau zu einem „menschlicheren" und „irdischeren" Gebäude. In Van Eycks „Madonna in der Kirche" (Abb. 12) stimmt die Forschung darin überein, dass das Kircheninnere in einer symbolischen Beziehung zu der beherrschenden Gestalt der Maria/Ecclesia steht. In den folgenden Gemälden, bis hin zu Memlings „Jan Floreins-Altar" (Abb. 31), wird das Kircheninterieur, das hier nur noch als „willkürlicher Ausschnitt" dargestellt ist, immer mehr zur objektiven Kulisse der dargestellten biblischen Geschichten. Der Kirchenraum strebt nach und nach der reinen menschlichen Welt entgegen.

---

[161] Panofsky beschmeißt Jan van Eycks Fähigkeit zu beobachten: „Jan van Eyck's eye operates as a microscope and as a telescope at the same time". Siehe Panofsky (1953), S. 182.
[162] Hier wird Albertis Satz verwendet, der in seinem Traktat „De pictura" (Della Pittura, Über die Malkunst, erschienen 1435) schreibt, dass der Maler sein Bild wie einen Blick auf die Welt durch „ein offenstehendes Fenster" organisieren sollte. Vgl. L. B. Alberti (2002), S. 93.

Erst seit Petrus Christus, Memlings Zeitgenosse, wurde die Zentralperspektive im Norden verwendet,[163] es existiert jedoch keine Kirchenraumdarstellung in seinen erhaltenen Werken. Bis in das 16. Jahrhundert hinein, verwendeten Maler wie Hans Vredeman de Vries geschickt die Prinzipien der Zentralperspektive (Abb. 35). In der ersten Hälfte des 17. Jahrhunderts, dann, durch das Œuvre Pieter Saenredams und anderer (Abb. 36), erreichte die Kirchenraumdarstellung eine neue Blüte. – All dies ist aber ein anderes Kapitel der Kunstgeschichte.

---

[163] Vgl. E. Panofsky (1998), S. 710. auch D. De Vos (1994a), S. 87.

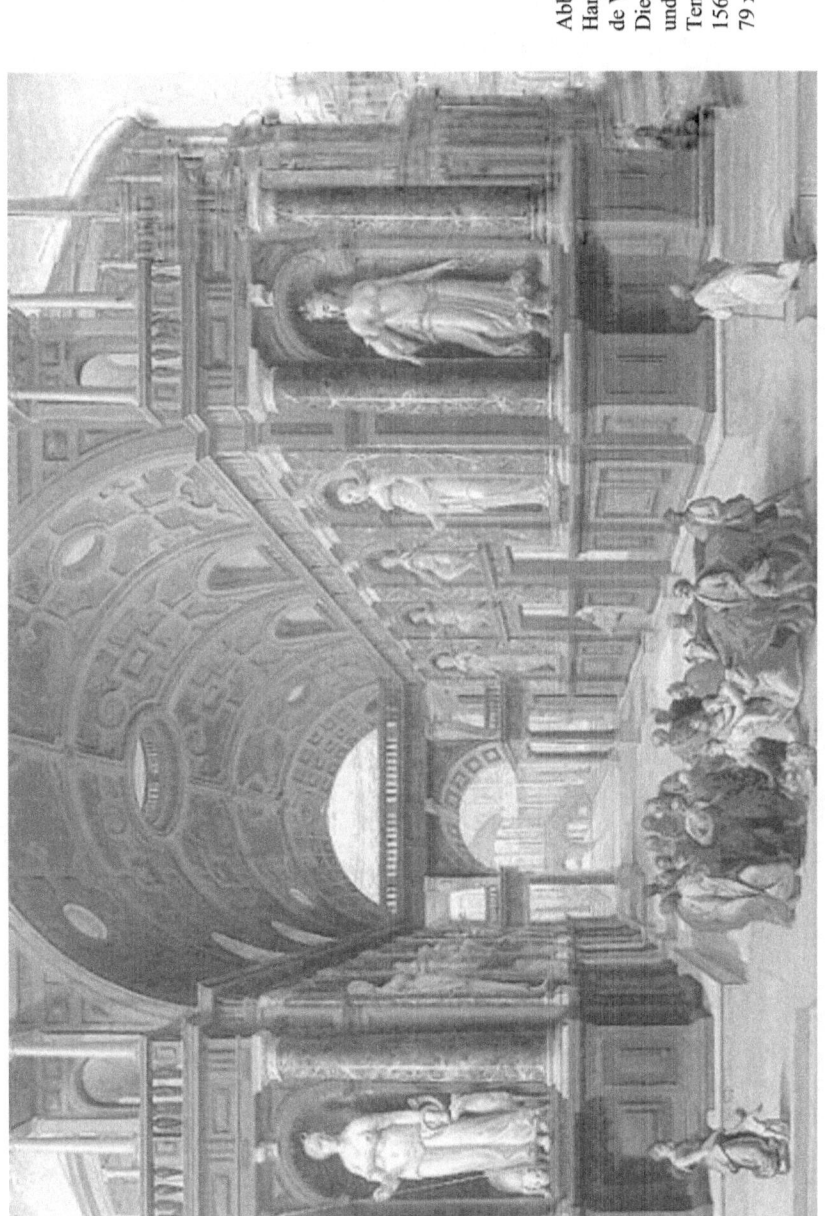

Abb. 35
Hans Vredeman de Vries:
Die Apostel Paul und Barnabas im Tempel zu Lystra, 1567, Öl auf Holz, 79 x 112 cm.

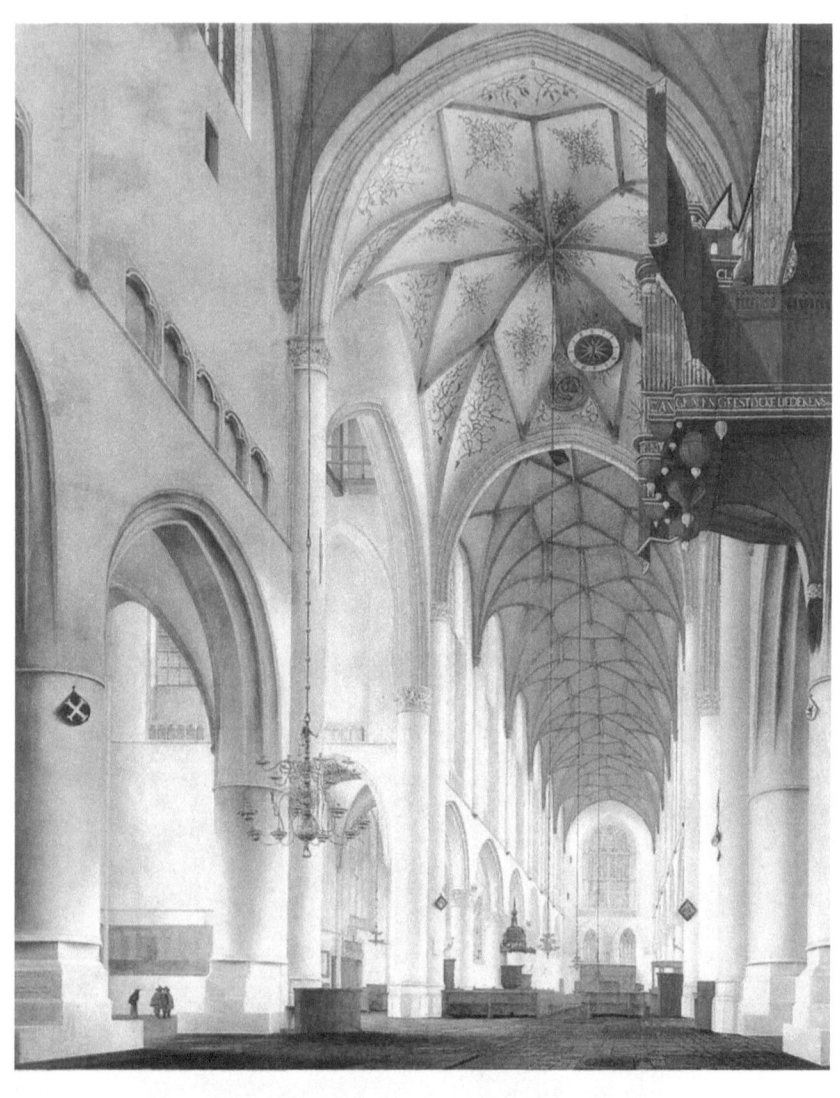

Abb. 36
Pieter Jansz Saenredam:
Inneres der St. Bavo–Kirche in Haarlem, 1648, Öl auf Holz, 200 x 140 cm.

Verzeichnis der Abbildungen / Bildregister

Abb. 1 S. 10	Massaccio,	Die Trinität, um 1425, Fresko, 667 x 317 cm. Santa Maria Novella, Florenz. Foto aus: Web Gallery of Art (http://www.kfki.hu/~arthp/index.html)
Abb. 2 S. 11	Robert Campin,	Mérode-Altar, um 1425, Öl auf Holz, Mitteltafel 64,1 x 63,2 cm, Flügel 64,1 x 27,3 cm. Metropolitan Museum of Art, New York. Foto aus: Web Gallery of Art
Abb. 3 S. 18	Claus Sluter,	Mosesbrunnen für die Chartreuse de Champmol, 1396–1404, Kalkstein, Höhe (ohne Sockel) 360 cm. Musée Archéologique, Dijon. Foto aus: Web Gallery of Art
Abb. 4 S. 19	Melchior Broederlam,	Zwei Flügel eines Altars der Chartreuse de Champmol, 1393–1399, Tempera auf Holz, je Flügel 167x 125 cm. Musée des Beaux–Arts, Dijon. Foto aus: Web Gallery of Art
Abb. 5 S. 20	Melchior Broederlam,	Josef (Detail der Flucht nach Ägypten, Ausschnitt des rechten Flügels eines Altars der Chartreuse de Champmol), 1393–1399, Tempera auf Holz, Höhe etwa 60 cm. Musée des Beaux–Arts, Dijon. Foto aus: Web Gallery of Art
Abb. 6 S. 24	Jan van Eyck,	Dresdener Altar, 1437, Öl auf Holz, Mitteltafel 33,1 x 27,5 cm, je Flügel 33,1 x 13,6 cm. Staatliche Kunstsammlungen, Gemäldegalerie Alte Meister, Dresden. Foto aus: Web Gallery of Art
Abb. 7 S. 23	Hans Memling,	Weltgerichtsaltar, linker Flügel, 1467–1471, Öl auf Holz, 223 x 72 cm. Muzeum Naradowe, Danzig. Foto aus: Web Gallery of Art
Abb. 8 S. 25	Jan van Eyck,	Verkündigung, um 1434, Öl auf Leinwand (von Holz übertragen), 92,7 x 36,7 cm. National Gallery of Art, Washington. Foto aus: Web Gallery of Art
Abb. 9 S. 26	Rogier van der Weyden,	Columba-Altar, um 1450–1455, Öl auf Holz, MItteltafel 138 x 153 cm, je Flügel 138 x 70 cm. Alte Pinakothek, München. Foto aus: Web Gallery of Art

Abb. 10 S. 27	Rogier van der Weyden,	Columba-Altar, rechter Flügel, um 1450–1455, Öl auf Holz, 138 x 70 cm. Alte Pinakothek, München. Foto aus: Web Gallery of Art
Abb. 11 S. 30	Jan van Eyck,	Turin-Mailänder Stundenbuch, Totenmesse, fol. 116 r, um 1420, Pergament, Foliogröße 28 x 19 cm. Museo Civico, Turin. Foto aus: Hans Belting und Christiane Kruse, Die Erfindung des Gemäldes, München 1994, Tafel 16.
Abb. 12 S. 33	Jan van Eyck,	Madonna in der Kirche, um 1425, Öl auf Holz, 32 x 14 cm. Gemäldegalerie, Staatliche Museen zu Berlin-Preußischer Kulturbesitz, Berlin. Foto aus: Web Gallery of Art
Abb. 13 S. 35	Meister von 1499,	Diptychon von Christiaan de Hondet, 1499, Öl auf Holz, je 31 x 14,5 cm. Koninklijk Museum voor Schone Kunsten, Antwerpen. Foto aus: Kat. Ausst. The Royal Museum of Fine Arts, Antwerpen 1999, S. 26f.
Abb. 14 S. 39	Jan van Eyck,	Paele Madonna, 1436, Öl auf Holz, 122 x 157 cm. Groeningemuseum, Brügge. Foto aus: Web Gallery of Art
Abb. 15 S. 47	Pietro Lorenzetti,	Geburt der Jungfrau, 1342, Tempera auf Hölz, 188 x 183 cm. Museo dell'Opera del Duomo, Siena. Foto aus: Web Gallery of Art
Abb. 16 S. 47	Lukas Moser,	Magdalenenaltar, 1432, Öl auf Holz, 300 x 240 cm.. Pfarrkirche St. Maria Magdalena, Tiefenbronn. Foto aus: CGFA (http://cgfa.sunsite.dk/m/p-moser1.htm)
Abb. 17 S. 53	Jan van Eyck,	Rolin Madonna, 1435, Öl auf Holz, 66 x 62 cm. Museé du Louvre, Paris. Foto aus: Web Gallery of Art
Abb. 18 S. 54	Rogier van der Weyden,	Hl. Lukas porträtiert die Madonna, um 1435–36, Öl auf Holz, 137,7 x 110,8 cm. Museum of Fine Arts, Boston. Foto aus: Web Gallery of Art
Abb. 19 S. 55	Jan van Eyck,	Turin-Mailänder Stundenbuch, Geburt Johannes des Täufers, fol. 93v, um 1420, Pergament, Foliogröße 28 x 19 cm. Museo Civico, Turin. Foto aus: Kat. Ausst., Jan van Eyck und seine Zeit, Stuttgart 2002, S. 23. Abb. 18a

Abb. 20 S. 56	Rogier van der Weyden,	Johannes-Altar, Linker Flügel, um 1455–1460, Öl auf Holz, 77 x 48 cm. Gemäldegalerie, Staatliche Museen zu Berlin-Preußischer Kulturbesitz, Berlin. Foto aus: Web Gallery of Art
Abb. 21 S. 58	Rogier van der Weyden,	Altar der Sieben Sakramente, um 1440–1444, Öl auf Holz, Mitteltafel 200 x 97 cm, je Flügel 119 x 63 cm. Koninklijk Museum voor Schone Kunsten, Antwerpen. Foto aus: Web Gallery of Art
Abb. 22 S. 60	Rogier van der Weyden,	Altar der Sieben Sakramente, Detail, um 1440–1444, Öl auf Holz, Mitteltafel 200 x 97 cm. Koninklijk Museum voor Schone Kunsten, Antwerpen. Foto aus: Archiv der Autorin
Abb. 23 S. 64	Stefan Lochner,	Altar der Stadtpatrone, um 1440–1450, Mischtechnik auf Eichenholz, Mitteltafel 260 x 285 cm, Flügel je 261 x 142 cm. Hohe Domkirche, Köln. Foto aus: Web Gallery of Art
Abb. 24 S. 65	Rogier van der Weyden,	Rogier van der Weyden, Columba-Altar (Abb. 9 und 10), Aufriß und Grundriß nach Werner Körte, „Die Wiederaufnahme romanischer Bauformen", Wolfenbüttel 1930, Abb. 11 und 12.
Abb. 25 S. 70	Hans Memling,	Darbringung, um 1463, Öl auf Holz, 59,8 x 48,3 cm. National Gallery of Art, Washington. Foto aus: Web Gallery of Art
Abb. 26 S. 72	Rogier van der Weyden,	Verkündigung, Detail, um 1440, Öl auf Holz, Mitteltafel 86 x 93 cm. Musée du Louvre, Paris. Foto aus: Web Gallery of Art
Abb. 27 S. 73	Hans Memling,	Darbringung, Detail, um 1463, Öl auf Holz. National Gallery of Art, Washington. Foto aus: Web Gallery of Art
Abb. 28 S. 74	Hans Memling,	Dreikönigsaltar, um 1470, Öl auf Holz, Mitteltafel 96,4 x 147 cm, je Flügel 96,4 x 63,5 cm. Museo del Prado, Madrid. Foto aus: Web Gallery of Art
Abb. 29 S. 76	Hans Memling,	Dreikönigsaltar, rechter Flügel, um 1470, Öl auf Holz, 96,4 x 63,5 cm. Museo del Prado, Madrid. Foto aus: Web Gallery of Art

Abb. 30 S. 77	Rogier van der Weyden,	Bladelin-Triptychon (Middelburger Altar), Mitteltafel, um 1445–50, Öl auf Holz, 91 x 89 cm. Gemäldegalerie, Staatliche Museen zu Berlin-Preußischer Kulturbesitz, Berlin. Foto aus: Web Gallery of Art
Abb. 31 S. 79	Hans Memling,	Jan Floreins-Altar, 1479, Öl auf Holz, Mitteltafel 46,3 x 57,4 cm (Ohne Rahmen), je Flügel 48 x 25 cm (Ohne Rahmen). Memlingmuseum, Brügge. Foto aus: Web Gallery of Art
Abb. 32 S. 80	Hans Memling,	Jan Floreins-Altar, rechter Flügel, 1479, Öl auf Holz, 48 x 25 cm (Ohne Rahmen) Memlingmuseum, Brügge. Foto aus: Postkarte des Memlingmuseums in Brügge
Abb. 33 S. 84	Jan van Eyck,	Perspektivisches Schema der Mitteltafel des Dresdener Altars. Nach G. Joseph Kern. Foto aus: G. Joseph Kern, Die Grundzüge der Linear-Perspektiveschen Darstellung in der Kunst der Gebrüder van Eyck und Ihrer Schule, Leipzig 1904, Tafel 6.
Abb. 34 S. 96	Robert Campin,	Marienvermählung, um 1428, Öl auf Holz, 77 x 88 cm. Museo del Prado, Madrid. Foto aus: Web Gallery of Art
Abb. 35 S. 106	Hans Vredeman de Vries,	Die Apostel Paul und Barnabas im Tempel zu Lystra, 1567, Öl auf Holz, 79 x 112 cm. Roseliushaus, Bremen . Foto aus: Homepage der Ausstellung „Hans Vredeman de Vries und die Renaissance im Norden" (http://www.vredeman.net/dt/ex_02.html)
Abb. 36 S. 107	Pieter Jansz Saenredam,	Inneres der St. Bavo-Kirche in Haarlem, 1648, Öl auf Holz, 200 x 140 cm. National Gallery of Scotland, Edinburgh. Foto aus: Web Gallery of Art

Literaturverzeichnis:

Acres, Alfred, The Columba Altarpiece and the Time of the World, in: Art Bulletin 80 (1998), S. 422–451

Alberti, Leon Battista, Della Pittura – Über die Malkunst, Hrsg. und übers. von Oskar Bätschmann, Darmstadt 2002

Arndt, Karl, Der Colum-Altar, Stuttgart 1962

Baldass, Ludwig von, Hans Memling, Wien 1942

Belting, Hans/Kruse, Christiane, Die Erfindung des Gemäldes, München 1994

Beenken, Hermann, Jan van Eyck und die Landschaft, in: Pantheon 28 (1941), S. 173–178

Beenken, Hermann, Rogier van der Weyden, München 1951

Binding, Günther, Was ist Gotik?, 2000 Darmstadt

Birkmeyer, Karl M., The Arch Motif in Netherlands Painting of the Fifteenth Century, in: Art Bulletin 43 (1961), S. 1–20

Blum, Shirley Neilsen, Symbolic Invention in the Art of Rogier van der Weyden, in: Konsthistorisk tidskrift 46 (1977), S. 103–122

Blum, Shirley Neilsen, Earthly Saints: The Concordance of Flemish and Florentine Art in the Fifteenth Century, in: Konsthistorisk tidskrift 65 (1996), S. 151–178

Braudel, Fernand, Civilization & Capitalism 15th–18th Century, Vol. 3, The Perspective of the World, New York 1982

Brand Philip, Lotte, Raum und Zeit in der Verkündigung des Genter Altares, in: Wallraf-Richartz-Jahrbuch 29 (1967), S. 62–104

Châtelet, Albert/Recht, Roland, Ausklang des Mittelalters, 1380–1500, München 1989

Châtelet, Albert, Jan van Eyck Enlumineur, Straßburg 1993

Châtelet, Albert, Rogier van der Weyden, problèmes de la vie et de l'œuvre, Straßburg 1999

Commynes, Philippe de, Memoiren, 1972 Stuttgart

Davies, Martin, Rogier van der Weyden – Ein Essay. Mit einem kritischen Katalog aller ihm und Robert Campin zugeschriebenen Werke, München 1972

De Vos, Dirk (Hg.), Hans Memling, Essays, Brügge 1994 (a)

De Vos, Dirk, Hans Memling: Das gesamte Werk, Antwerpen 1994 (b)

De Vos, Dirk, Rogier van der Weyden, München 1999

Dhanens, Elisabeth, Hubert und Jan Van Eyck, Königstein/Taunus 1980

Doehlemann, Karl, Die Entwicklung der Perspektive in der Altniederländischen Kunst, in: Repertorium für Kunstwissenschaft 34 (1911), S. 392–422 und S. 500–535

Doerner, Max: Malmaterial und seine Verwendung im Bilde, 18. Aufl., neu bearbeitet von Thomas Hoppe, Stuttgart 1994

Egner, Claus Peter, Architektur im Bild. Akzente der Darstellung in der flämischen Tafel-malerei von Spätgotik und Frührenaissance, in: Alte und Moderne Kunst 165 (1979), S. 8–14

Fidder, Erich, Von der Form Roger van der Weydens, Köslin 1938

Franke, Birgit/Welzel, Barbara (Hg.), Die Kunst der burgundischen Niederlande, Berlin 1997

Frey, Dagobert, Gotik und Renaissance als Grundlagen der modernen Weltanschauung, Augsburg, 1929

Friedländer, Max Julius, Die altniederländische Malerei, Bd. I., II. und VI. Berlin, 1924–1928
(auch Early Netherlandisch Painting, Bd. I., II. und VI. Leiden/Brüssel 1967–1976)

Friedländer, Max Julius, A New Painting by Van Eyck, in: Burlington Magazine 65 (1934), S. 3f.

Genaille, Robert, Die Flämische Malerei, Stuttgart 1961

Gifford, Melanie, Van Eyck's Washington Annunciation: Technical Evidence for Iconographic Development, in: Art Bulletin 81 (1999), S. 108–116

Gombrich, Ernst H., Die Geschichte der Kunst, 1950, 16. Aufl. 2000, London

Huizinga, Johan, Herbst des Mittelalters, 1924, 11. Aufl. 1975 Stuttgart

Hulin de Loo, Georges, Hans Memling in Rogier van der Weyden's Studio, in: Burlington Magazine 52 (1928), S. 160–177

Hull, Vida Joyce, Hans Memlinc's Paintings for the Hospital of Saint John in Bruges, New York and London 1981

Jantzen, Hans, Das Niederländische Architekturbild, 1909, 2. Aufl. Braunschweig 1979

Kemp, Wolfgang, Die Räume der Maler, München 1966

Kemperdick, Stephan, Rogier van der Weyden, Köln 1999

Kern, G. Joseph, Die Grundzüge der Linear-Perspektivischen Darstellung in der Kunst der Gebrüder van Eyck und ihrer Schule, Leipzig 1904

Klotz, Heinrich, Altniederländischer Rundbogenstil, in: Ders., Der Stil des Neuen – Die europäische Renaissance, Stuttgart 1997, S. 40–51

König, Eberhard, Ein Pariser Buchmaler in den Eyckischen Partien des Turin-Mailänder Stundenbuchs, in: Wiener Jahrbuch für Kunstgeschichte 46/47 (1993/94), S. 303–310 und S. 449–452

Körte, Werner, Die Wiederaufnahme romanischer Bauformen in der niederländischen und deutschen Malerei des 15. und 16. Jahrhunderts, Wolfenbüttel 1930

Lobelle-Caluwé, Hans Memling: der Erfolg eines Künstlers, Gent o. J.

Lyman, Thomas W., Architectural Portraiture and Jan van Eyck's Washington Annunciation, in: Gesta 20 (1981), S. 263–271

Markham Schulz, Anne, The Columba Altarpiece and Roger van der Weyden's Stylistic Development, in: Münchner Jahrbuch der bildenden Kunst 22 (1971), S. 63–116

McNamee, M. B., An additional Eucharistic Allusion in Van der Weyden's Columba Triptych, in: Studies in Iconography 2 (1976), S. 107–113

Meiss, Millard, Light as Form and Symbol in some fifteenth-century Paintings, in: Art Bulletin 27 (1945), S. 174–181

Mitsch, Erwin, Die Architekturen in der niederländischen Malerei des 15. Jahrhunderts. Diss. Wien, 1958 (mschr.)

Musper, Hans-Theodor, Untersuchungen zu Rogier van der Weyden und Jan van Eyck, Stuttgart 1948.

Nilgen, Ursula, The Epiphany and the Eucharist: On the Interpretation of Eucharistic Motifs in Mediaeval Epiphany Scenes, in: Art Bulletin 49 (1967), S. 311–316

Panofsky, Erwin, Two Roger problems: The Donor of the Hague Lamentation and the Date of the Altarpiece of the Seven Sacraments, in: Art Bulletin 33 (1951), S. 33–40.

Panofsky, Erwin, Early Netherlandish Painting. Its Origins and Character. Cambridge (Mass.), 1953 (Bd. 1 Textband, Bd. 2 Tafelband).
(auch Altniederländische Malerei, 2 Bd., Köln 2001)

Panofsky, Erwin, Perspective as Symbolic Form, New York 1991.
Wiederabdruck deutscher Version in: Erwin Panofsky. Deutschsprachige Aufsätze II (Studien aus dem Warburg Haus I), Berlin 1998, S. 664–757
(1. Aufl.: „Die Perspektive als symbolische Form", in: „Vorträge der Bibliothek Warburg 1924–25, Berlin/Leipzig 1927, S. 258–330.)

Pächt, Otto, Panofsky's 'Early Netherlandish Painting', in: Burlington Magazine 98 (1956), S. 110–116 und S. 267–279

Pächt, Otto, Altniederländische Malerei. Von Rogier van der Weyden bis Gerard David, München [1965–66] 1994

Pächt, Otto, Van Eyck, Die Begründer der altniederländische Malerei, 1989, 3. Aufl. München 2002

Purtle, Carol J., The Marian Paintings of Jan van Eyck, New Jersey 1982

Purtle, Carol J., Van Eyck's Washington Annunciation: Narrative Time and Metaphoric Tradition, in: Art Bulletin 81 (1999), S. 117–125

Sauer, Joseph, Symbolik des Kirchengebäudes, 2. Aufl. Freiburg i. Br. 1924

Sauerländer, Willibald, Gedanken über das Nachleben des gotischen Kirchenraums im Spiegel der Malerei, in: Münchener Jahrbuch der bildenden Kunst 45 (1994), S. 165–182

Schöne, Wolfgang, Die großen Meister der niederländischen Malerei des 15. Jahrhunderts, Leipzig 1939

Schorr, Dorothy C., The Iconographic Development of the Presentation in the Temple, in: Art Bulletin 28 (1946), S. 17–30

Tolnai, Karl von (Charles de Tolnay), Zur Herkunft des Stiles der van Eyck, in: Münchner Jahrbuch der bildenden Kunst, 1932, S. 320–338

Troche, Ernst Günter, Niederländische Malerei des fünfzehnten und sechzehnten Jahrhunderts, Berlin 1935

Voll, Karl, Die altniederländische Malerei von Jan van Eyck bis Memling, Leipzig 1923

Walker, John, Die National-Galerie Washington, München/Zürich 1964

Ward, John L., Hidden Symbolism in Jan van Eyck's Annunciations, in: Art Bulletin 57 (1975), S. 196–220

Weale, William H. James, The van Eycks and their Art, (with the cooperation of Maurice W. Brockwell) 1912, 2. Aufl. London 1928

Winkler, Friedrich, Die flämische Buchmalerei des 15. und 16. Jahrhunderts, Leipzig 1925

Winterfeld, Dethard von, Romanik, in: Kunsthistorische Arbeitsblätter 2 (1999), S. 53–58

Wolff, Martha, The Presentation in the Temple, in: Hand, John Oliver/Martha Wolff, Early Netherlandish Painting, The Collections of the National Gallery of Art, Systematic Catalogue, Washington 1986, S. 155–161

Ausstellungskataloge:

- Old Masters in the Royal Museum of Antwerp, Antwerpen Koninklijk Museum voor Schone Kunsten, Antwerpen 1988

- Gemäldegalerie Dresden, Alte Meister, Kat. der Ausgestellten Werke, Leipzig 1992

- Hans Memling, Kat. Ausst. Groningenmuseum Brügge 1994, Brügge 1994

- Memling und seine Zeit, Brügge und die Renaissance, Kat. Ausst. Memlingmuseum - Oud-Sint-Janshospitaal Brügge, Stuttgart 1998

- Gemäldegalerie Berlin, 200 Meisterwerke, Berlin 1998

- The Royal Museum of Fine Arts, Antwerpen Koninklijk Museum voor Schone Kunsten, Antwerpen 1999

- Jan van Eyck und seine Zeit, Flämische Meister und der Süden 1430–1530, Kat. Ausst. Groningenmuseum Brügge 2002, Stuttgart 2002

www.ingramcontent.com/pod-product-compliance
Lightning Source LLC
Chambersburg PA
CBHW031436210526
45464CB00005B/2227